经济管理学术文库 • 管理类

中国大型体育场馆公共服务协同治理研究

Research on the Collaborative Governance for Public Service of Large Stadiums in China

郑　娟／著

经济管理出版社
ECONOMY & MANAGEMENT PUBLISHING HOUSE

图书在版编目（CIP）数据

中国大型体育场馆公共服务协同治理研究/郑娟著．—北京：经济管理出版社，2018.12
ISBN 978－7－5096－6157－4

Ⅰ.①中…　Ⅱ.①郑…　Ⅲ.①体育场—公共服务—公共管理—研究—中国②体育馆—公共服务—公共管理—研究—中国　Ⅳ.①G818

中国版本图书馆 CIP 数据核字(2018)第 267180 号

组稿编辑：张巧梅
责任编辑：张巧梅
责任印制：黄章平
责任校对：陈　颖

出版发行：经济管理出版社
（北京市海淀区北蜂窝 8 号中雅大厦 A 座 11 层　100038）
网　　址：www. E－mp. com. cn
电　　话：（010）51915602
印　　刷：北京玺诚印务有限公司
经　　销：新华书店
开　　本：720mm×1000mm/16
印　　张：11.25
字　　数：195 千字
版　　次：2018 年 12 月第 1 版　　2018 年 12 月第 1 次印刷
书　　号：ISBN 978－7－5096－6157－4
定　　价：68.00 元

前　言

进入新时代，随着我国经济社会的快速发展和居民生活水平的提升，公众体育需求日益表现出复杂化和多样化，大型体育场馆因容量规模大、装备设施先进，是提供公共体育服务、满足公众多样化体育需求的重要场所。然而，当前我国绝大多数大型体育场馆的平台价值并未得到充分开发，治理碎片化导致场馆公益性流失、公共服务水平低下。在这一现实矛盾下，必须探寻一种有效的治理机制以实现公平与效率的统一，大型体育场馆公共服务协同治理成为回应这一需求的重要备择机制。鉴于此，本书以大型体育场馆公共服务协同治理作为研究对象，系统揭示这一制度方案的选择依据、操作规则和治理效应，期望为提升我国大型体育场馆公共服务水平、满足公众体育需求提供理论支撑和实践参考。

本书结合协同治理理论和新制度经济学中的 SSP 分析范式得出一个基本命题，即大型体育场馆公共服务协同治理是由来自政府、市场和社会不同领域的多元利益相关主体基于大型体育场馆资产专用性状态，来建构跨越组织功能和边界的协同关系以期实现治理效果最大化的一项结构性和过程性制度方案。围绕这一核心命题，主要采用历史分析法、问卷调查法、专家咨询法、演化博弈以及案例分析法等研究方法，按照“是什么、为什么、怎么做、怎么样”的逻辑思路来系统阐释大型体育场馆公共服务协同治理的合理性和有效性。

首先，汲取协同治理的理论要义阐明大型体育场馆公共服务协同治理的内涵，结合协同治理理论框架中的关键要素和 SSP 分析范式中关于状态、结构和绩效三个变量以及变量之间关系的理论逻辑建构了一个整体分析框架。确立协同动因、主体结构、行为过程和绩效结果为分析框架的关键要素，并从选择分析和影响分析两个层次解析这四个要素之间的因果关联，认为我国大型体育场馆资产专用性作为最关键的状态变量是驱使原有治理机制向协同治理进行变革的动因，并决定着主体结构和行为过程等内部操作规则的选择，最终通过制度安排影响绩效结果的路径改变大型体育场馆公共服务水平。

其次，分别从协同动因、主体结构、行为过程和绩效结果四个要素及要素之间的因果关联具体展开分析，研究认为：

（1）我国大型体育场馆资产专用性的中间状态是协同治理机制选择的客观动因。整合 SSP 范式关于物品特性决定制度选择的逻辑以及资产专用性理论所指出的物品资产专用性与治理机制之间的匹配原理，认为大型体育场馆公共服务协同治理是与我国大型体育场馆资产专用性中间状态相适应的治理机制。通过梳理中华人民共和国成立后我国大型体育场馆资产专用性状态的历史演变趋势及其与治理机制的匹配状况表明：我国大型体育场馆资产专用性已从高度性趋向中间性状态，但是我国现行治理框架尚处在传统政府治理或治理市场化的双重路径依赖当中，导致治理主体协同不力、服务结构失衡和价值导向相悖的不可治理性，协同治理作为与资产专用性中间状态相适应的治理机制有利于修正政府治理的路径依赖和克服市场治理的制度失灵，因而大型体育场馆公共服务协同治理成为一种现实选择。

（2）大型体育场馆公共服务协同治理主体结构主要包括跨越政府、市场和社会不同领域边界的跨界协同结构和跨越不同政府层级和部门边界的府际协同结构：①跨界协同结构要综合考虑大型体育场馆资产专用性程度和政府能力两项状态变量，以此确定科层式协同、外包式协同、战略式协同和市场式协同四种结构形式的选择。科层式协同强调政府与体育场馆事业单位的分权和法人治理，外包式协同是政府将大型体育场馆公共服务生产责任交由企业、体育社会组织来完成的短期协同，战略式协同是指政府与社会力量建立战略合作关系的全周期协同，市场式协同注重企业化和竞争性。②府际协同应从纵向结构和横向结构层面实现不同层级政府之间以及横向同级政府部门之间的有序协同。纵向府际协同之间着重从财权和事权的合理配置上寻求不同层级政府的有序协同，横向府际协同应在不改变各政府职能部门本身权限和结构的前提下追求跨政府部门的联动。

（3）大型体育场馆公共服务协同治理行为过程实为有限理性的多元治理主体基于价值权衡和行为选择的协同演化过程，其间包含识别环境、动员力量、资源投入、协商谈判、建立承诺、执行承诺、评估问责等一系列协同行为以及社会参与机制、信息共享机制、利益协调机制和行动整合机制等运行机制，预期收益、治理成本和协同能力则是影响多元治理主体行为选择和协同进程的重要因素。本书进而以演化博弈为分析工具、“深圳大运中心委托运营”案例为分析对象进行检视，研究结果表明多元治理主体的行为策略调整决定着大型体育场馆公共服务协同过程的演进方向，大型体育场馆资产专用性所衍生的预期收益、治理成本与协同能力影响参与方的行为策略调整，当选择协同行为的预期收益值越高，治理成本越低，协同参与方的能力互补性越强，协同行为就会成为演化稳定策略被更多的主体采用，最终达成多元协同的治理安排。

（4）大型体育场馆公共服务协同治理绩效取决于结构和过程层面的制度安排。本书从结构和过程两个维度对大型体育场馆公共服务协同治理机制进行拆解，具体分为权力关系、协同领导、共享目标和运行机制四项制度要素，将社会效益和经济效益作为考察大型体育场馆公共服务协同治理绩效的衡量指标。通过湖北省“去运动”政府购买服务平台、“深圳大运中心委托运营”、“鸟巢”改制和JX省学校大型体育场馆对外开放四个具有治理效应差异性的典型案例比较显示：高绩效案例的制度安排中基本具备开放的权力关系、有效的协同领导、共享的利益目标和健全的运行机制，低绩效案例的制度安排中则存在失衡的权力关系、失效的协同领导、冲突的利益目标和缺失的运行机制，因而可以表明具有完善制度安排的大型体育场馆公共服务协同治理能够有效促进公共服务绩效水平的提升。

最后，基于以上研究结论提出相应政策建议，包括注重大型体育场馆资产特性的识别、培育和选择有效参与者、加强政府协同领导力建设、合理确定协同各方的收益和风险、健全协同运行机制等，以期为大型体育场馆公共服务协同治理的建立和运行提供指导。

总之，本书认为大型体育场馆公共服务协同治理是符合我国大型体育场馆公共服务物品特性且行之有效的一项制度选择，全书的创新点主要体现为以下三点：一是建构了一个理论框架，为这一制度方案的选择依据、操作规则和治理效应提供了完整的解释路径；二是将“大型体育场馆资产专用性”作为协同动因的理论视角较为新颖；三是采用“演化博弈”和“多案例比较”等研究方法具有一定先进性。与此同时，在协同动因的单一性视角、演化博弈模型的精确性和案例比较的稳健性等方面又存在不足之处，是未来需要进一步探究的内容。

目　录

第1章　导　论

1.1　研究缘起与意义

1.1.1　研究缘起

健康是人类全面发展、国家民族富强之根基，在我国全面建成小康社会，促进经济社会可持续发展的历史进程中，推动“健康中国”建设，以及提升民众健康水平成为国家开展健康治理的重要战略。体育运动作为一种非医疗的健康促进方式，在维系人类健康上具有主动性、前瞻性和愉悦性，完善公共体育服务供给体系使公众能够广泛开展健身运动，是建设健康中国的必然要求。大型体育场馆空间大、设施齐全、健身环境好，是提供公共体育服务、满足公众体育健身需求的重要场所。改革开放以来，随着我国经济社会发展和国内外高端体育赛事的不断引进，各地兴建了一批容量规模大、健身设施先进的大型体育场馆，但从整体运营效能上看，依托大型体育场馆面向社会公众提供公共体育服务的效率和质量并不高，日益增长的公共体育服务需求与低效的大型体育场馆公共服务配置效率之间的矛盾十分突出，这也成为我国体育治理领域难以解决的“棘手问题”。

1.1.1.1　公共体育需求日趋复杂和多样化

公共体育服务存在的价值是回应民众对体育健身的需求，随着经济社会的发展和人民生活水平的提高，公众体育需求日益呈现出复杂化和多样化的特征。首先，体育需求总体规模持续增长，2014 年，全国经常参加体育锻炼的人数比例达到 33.9%，比 2007 年提高了 5.7%，20 岁及以上人群中有 39.9% 的人有过体育消费，比 2007 年消费人数比例增长 67.7%，人均消费水平达到 926 元，比 2007 年增长 52%①，体育锻炼人数和体育消费水平的提升显示出大众的体育需求大幅度增加。而且相关研究表明处于 30～50 岁年龄段人群对体育健身需求最为旺盛，2015～2025 年我国将会进入这一人口区间的高峰期，体育健身需求人群高峰期的到来将会进一步激发公共体育需求的跨越式增长。其次，体育需求的内容和结构更加多元化和个性化，随着居民人均可支配收入的增加，消费升级促使体育需求由以实物型需求为主逐步向以参与型和观赏型扩展，不再只满足于体育场地设施服务等基本需求，而是要求有更为丰富专业的健身指导服务、体质监测服务及大型竞赛表演活动等。日益复杂化、多样化的公共体育需求迫切要求创新公共体育服务供给体系，大型体育场馆因容量规模大、装备设施先进，其在提供健身指导服务、体育健身技能培训和竞赛表演类大型活动等参与型和观赏型服务方面具有独特的功能优势，但当前我国绝大多数大型体育场馆的平台价值并未得到充分开发，所提供的公共体育服务大多局限在户外体育场地和健身设施的免费和低收费开放，体育健身指导和以大型活动为代表的观赏型服务比重较低，2014 年，全国 48.5% 的场馆年举办大型活动次数在 20 次以下②，2013 年我国大型体育场馆承担文化演艺活动和会展活动合计占大型活动数量的比例为 19.2%③。优化大型体育场馆公共服务治理机制，不断地拓宽大型体育场馆公共服务功能，成为回应公众多元化体育需求的必然选择。

1.1.1.2 大型体育场馆公共服务治理碎片化

在计划经济体制下，我国大型体育场馆的建设和运营完全由政府统包统揽。改革开放后，随着社会主义市场经济发展和体育发展方式的转变，利用市场机制提升大型体育场馆公共服务水平成为变革手段，与之相伴的是治理主体多元化，但由此导致的治理碎片化现象较为突出，主要表现为：①转嫁责任。在大型体育场馆公共服务市场化浪潮中，许多原本由政府运营管理的场馆推向市场，市场逐

① 国家体育总局．2014 年全民健身活动状况调查公报［EB/OL］．http：//www.sport.gov.cn/n16/n1077/n1422/7300210.html，2015－11－16/2016－06－01.

② 陈元欣，王健．大型体育场（馆）运营管理企业化改革研究［J］．体育科学，2015，35（10）：17－24.

③ 国家体育总局体育经济司．第六次体育场地普查数据汇编［EB/OL］．http：//www.sport.gov.cn/pucha/index.html，2016－10－13.

利的倾向驱使其提供的体育服务大多为高收费项目或是非体育服务，造成弱势群体利益无法实现，大型体育场馆公益性流失严重。诸如国家体育场、海口体育馆、长春市体育中心都因过度商业化开发饱受公众质疑。②各自为政。由于缺乏整体性思维，政府、市场、社会等多元治理主体呈现割裂状态，彼此之间缺乏联系和沟通，相互掣肘、重复建设，导致公众无法获取体育场馆公共服务。例如，深圳市在2015年推出的中、小学校体育场馆对外开放的政策，因为政府未对学校开放场馆提供相应人员配备和资金支持，造成政策执行受阻，惠民服务无法落实。③额外成本。由于政府向社会分权，往往付出比政府单一治理情形下更高的交易成本，比如政府向社会力量购买体育场馆公共服务过程中，多个承接主体提供同质公共体育服务，甚至一些营利性组织会挤占群众体育社团的公益范畴，政府为此需要付出额外的监管成本和信用风险。因此，通过资源整合和机制优化，促进治理网络中的多元主体能够建立相互联动的集体行动体系，从而避免因碎片化治理所带来的资源浪费和效率低下成为时下所需。

1.1.1.3 “协同治理”成为体育善治新趋向

协同治理（Collaborative Governance）是20世纪末发展起来的公共治理理念，它不仅颠覆了传统政府“命令—服从”的管制理念，更是超越了新公共管理过于偏狭的管理主义，它所强调的融合组织边界和多方良好协作，成为体育治理领域用以解决复杂公共问题的重要政策工具。在美国、英国等西方发达国家大型体育场馆领域，公共部门和私人部门在发挥体育场馆公共服务职能方面经常达成合作和联盟，充分利用体育协会和体育俱乐部为其带来赛事和资源。悉尼奥林匹克公园管理局与多家教育机构合作为公众提供多样化的体育培训产品。我国在确立推动体育治理体系和治理能力现代化这一体育善治目标之下，多方协同作为善治的关键要件，且同样获得推进。在大型体育场馆改革试点省湖北，2014年开始积极推广政府向社会力量购买体育场馆公共服务模式，并利用互联网平台促进全省场馆资源整合和多方协同治理。据统计，2014年湖北省63家大型体育场馆全年接待群众健身986.4万人次，较2013年增长48.72%①。可见，充分利用政府、市场和社会等多元主体的比较优势，注重各方的协同治理，正在成为我国体育善

① 国家体育总局．“十二五”期间大型体育场馆运营和对外开放取得新进展［EB/OL］. http://www.gov.cn/xinwen/2016-03/02/content_5048042.html，2016-03-02/2016-06-02.

治的新趋向。

正如协同治理研究学者所认为的，公共服务领域中的协同安排能够将所有的利益相关者纳入其中，并且用于“促进和处理跨组织的安排以解决单个组织无法解决或者难以轻易解决的问题”①，“大型体育场馆公共服务协同治理”作为一项新的政策工具也被我们用以期待化解“公共体育需求日趋复杂化和大型体育场馆公共服务治理碎片化”这一棘手问题。然而，在我国科层行政体制长久占主导地位的制度框架下，这样一套新的治理理念和工具能否作为我国大型体育场馆公共服务棘手问题的解决之道？它所确立的治理规则是怎样的？它会怎样影响服务绩效？出于这样的探求，本书以“大型体育场馆公共服务协同治理”作为研究对象，并着力回答这一治理机制的选择依据、操作规则和治理效应，力图为提升我国大型体育场馆公共服务水平，满足公众复杂化和多样化需求提供理论支撑和实践参考。

1.1.2 研究意义

改革开放以来，随着我国经济体制转型和体育治理方式的转变，公共体育服务建设取得了巨大进步，大型体育场馆公共服务作为其中的重要组成部分，在尝试市场化、社会化运营过程中，逐步呈现多方参与、多元经营的业态，但经常面临多方主体权责模糊不清、公共服务结构布局失衡、公益价值与市场价值难以调和等矛盾。近年来，公共服务研究领域日益关注利用跨组织协同治理克服公共服务难题的探讨，尤其对多元主体协同共治的必要性、现实条件和机制建设进行了较为深入的研究，但是以大型体育场馆公共服务这一特定服务形式为对象的协同治理研究甚少，本书拟以协同治理理论、SSP 分析范式为理论基石，系统性建构一个大型体育场馆公共服务协同治理的理论框架，力求完整地阐释我国大型体育场馆公共服务协同治理的选择机理、操作规则和影响机制，以期优化要素配置和提升服务水平，这对发挥大型体育场馆公共服务功能，以及满足公众多元体育需求和促进健康中国建设都具有重要的理论意义和现实意义。

---

① McGuire, Michael. Collaborative Public Management: Assessing What We Know and How We Know It [J]. Public Administration Review, 2006 (66).

1.1.2.1 理论意义

21 世纪初，“协同治理” 逐步成为公共管理研究领域的显学。大量专家学者对这一治理理念和工具给予了高度关注，相较而言，作为公共体育服务体系乃至公共文化服务体系重要组成部分的大型体育场馆公共服务，多元主体的协同共治尚未引起足够重视，既缺乏系统的理论建构，也没有深入的经验分析。本书以“大型体育场馆公共服务协同治理” 作为研究对象，力图建构一个系统性的理论框架，并予以经验上的支撑，以期从学理性和经验性上有所突破。一方面，基于协同治理理论和 SSP 分析范式的逻辑整合，以协同动因、主体结构、行为过程和绩效结果四项要素作为关键要件建构了一个大型体育场馆公共服务协同治理的制度分析框架，并从制度选择分析和影响分析两个层次解释这四个要件之间的因果关联，认为我国大型体育场馆资产专用性作为最关键的物品特性是驱使原有治理机制向协同治理进行变革的动因，并决定着主体结构和行为过程等内部操作规则的选择，而后会通过制度安排影响绩效结果的路径促进大型体育场馆公共服务水平的提升，从而对中国大型体育场馆公共服务协同治理的选择依据、操作规则和治理效应进行了完整的逻辑解释。另一方面，通过梳理中华人民共和国成立后我国大型体育场馆资产专用性的历史演变特征及其与治理机制的匹配状况，利用湖北省“去运动” 政府购买服务平台、“深圳大运中心委托运营”、“鸟巢” 改制和 JX 省学校大型体育场馆对外开放四个典型案例的比较分析，对大型体育场馆公共服务协同治理的理论框架进行验证，进而为这一创新机制的建立和运行提供了经验支撑。

1.1.2.2 现实意义

“没有全民健康，就没有全面小康”，人民健康与国家发展紧密相连，健康中国建设既写入政府工作报告后，又写入党的十八届五中全会公报，并上升至国家战略层面。2016 年 10 月，中共中央、国务院正式发布《“健康中国 2030” 规划纲要》，其以公民健康服务的全面性、公平性和回应性为战略目标，要求“共建共享，全民健康”。大型体育场馆是公民开展参与型和观赏型健身活动的重要物质平台，在构建全民健身公共服务体系中占有特殊地位，但是由于大型体育场馆专用性强、维护成本高，在长期政府主导范式下呈现偏态化发展，绝大多数场馆的公共服务职能并未得到有效发挥，这就需要以系统性、整体性和协同性的治理思维提升服务水平。本书侧重探讨大型体育场馆公共服务跨领域、跨部门协同治理的制度形式，以期通过资源整合和结构优化促进社会、行业与个人层面的良性互动，一方面切合了我国建设健康中国的战略需求，着重从协同结构和协同过程两大层面为大型体育场馆公共服务共建共享格局的形成提供可能的实施思路；另一方面是基于当前我国供给侧结构性深化改革的迫切形势，针对大型体育场馆公共服务供需结构错配和要素配置扭曲等结构性问题进行矫正，从供给端优化要素资源配置效率，实现供需结构平衡。

1.2 国内外研究现状述评

1.2.1 国外大型体育场馆公共服务治理研究

国外关于大型体育场馆公共服务治理的研究始终围绕政府与市场关系的嬗变，从传统公共行政研究时期的政府中心主义过渡到新公共管理思潮下的市场化导向，直至“治道”变革下主张政府与市场的协同治理。

1.2.1.1 传统公共行政研究时期

追溯公共服务治理研究的起源，一般认为萌芽于英国学者霍布斯（Thomas Hobbes，1651）在其《利维坦》中对国家的论述，而后戴维·休谟（David Hume，1739）在《人性论》中论及政府的起源时，即开始了公共产品“搭便车”性质的讨论，主张自由放任的亚当·斯密（Adam Smith，1776）即使认为市场这只“看不见的手”能够实现资源的最佳配置，政府只需充当“守夜人”，却也并不否认政府应当提供公共安全的职能，最初，公共服务的提供便是政府存在的价值。之后，古典经济学家大卫·李嘉图（David Ricardo，1817）和约翰·穆勒（John Stuart Mill，1848）基本延续了这一研究思路，从政府职责的角度认为市场无法有效配置的产品应当由公共部门提供。萨缪尔森（Paul Samuelson，1954）认为由于“搭便车”问题的存在，林达尔均衡（Lindahl，1919）难以实现，系统性地提出公共产品所具有的非排他性和非竞争性，致使私人市场供给公共产品是无效率的。20世纪中叶之前的西方世界，在以威尔逊（Wilson，1887）政治行政二分法和马克斯·韦伯（Max Weber，1921）理想官僚制为理论基石的传统公共行政模式的支撑下，政府作为应对“市场失灵”的药方，成为公共服务理所应当的治理者。此时，体育场馆的建设与管理大都依附于官僚行政体制，主要由政府负责场馆服务资源的配置和供给，20世纪50年代到80年代美国新建体育场馆资金几乎全部来源于财政投资（Robert A. Baade，2006）。

1.2.1.2 新公共管理研究时期

1965年，詹姆斯·布坎南将经济人的分析模式引入政治领域，系统性地剖析“政府失灵”，认为政府在提供公共服务时趋向于浪费和低效率，在新制度经济学的推动下，倡导公共服务领域市场化改革的新公共管理运动兴起。80年代末期开始，英国逐步由出售国有企业的私有化运动转向通过合同承包强制性地把一些公共服务转由私人部门提供，90年代初，英国政府提出私人投资倡导行动（Private Finance Initiative，PFI），公共部门与私人部门供应商签订长期的服务合同，鼓励私人资本投资公共资产。世界银行提倡通过私有化运动解决体育设施服务供给不足的问题，美国在1984年洛杉矶奥运会后大力推进体育场馆公共服务市场化改革，1988年英国体育运动委员会要求凡是符合强制性竞标方式的体育场地都必须采取竞标方式来确定管理者。戴维·奥斯本、特德·盖布勒（David Osborne、Ted Gabler，1996）专门论述了市场模式在体育设施上的成功应用，John L. Crompton、Dennis R. Howard（2003）认为，北美四大职业联盟运动场馆经历了酝酿期、公共补贴期、公私合作期和私公合作期四个发展阶段，私人投资比例迅速增加。然而，一些实证研究表明体育设施服务市场化改革难以成功，Steven P. Erie、Vladimir Kogan和Scott A. MacKenzie（2010）以圣迭戈沛可公园球场为例，认为存在税收、公共权力等公共资源被用于私人目标的代理损失。Eduard N. Yevstafyev、Nikolay V. Yevstafyev（2014）以俄罗斯喀山市政体育设施为案例评估在特许权协议中存在的商业风险，其中运营风险和委托人行为风险较高，市场风险和政治风险显著。Martijn Van Den Hurk、Koen Verhoest（2015）以比利时佛兰德斯体育基础设施运用中面临的治理问题为研究对象，认为有可能存在政治干预、多元参与和技术复杂性等，从而降低项目效能。

1.2.1.3 公共治理研究时期

在公共服务市场化改革中，由于忽视多元主体的有效合作和协调带来的国家空心化、公共服务治理碎片化问题的出现，20 世纪末，治理理论以一种区别于传统官僚制模式和新公共管理市场化分权模式的全新形态出现，尤其对公共服务的多元协同治理给予关注。埃莉诺·奥斯特罗姆（Elinor Ostrom，1990）在讨论公共池塘资源的利维坦方案和私有化方案之后，认为在公共服务治理中，可以依靠多中心组织体制来一起治理公共事务。萨瓦斯（E. S. Savas，1999）基于“安排者”与“生产者”的概念组合，提出公共服务提供中可以实行合同承包、特许经营、政府补贴、凭单制等更为有效的协同制度安排。Ansell 和 Gash（2007）、Taehyon Choi（2011）、Kirk（2011）等学者明确指出：一种跨公共部门和跨公共、私人、公民团体的协同治理安排能够更有效地管理公共项目和资产。Shilbury（2016）等进一步探讨了协同治理在体育领域的理论引入和实施效用，Judith Grant Long（2012）、Cabral（2013）、Reis（2017）更为细致地分析了大型体育设施公私合作背景下公共补贴的价值、政府的协调作用及所具有的激励性。Michael B. Cantor、Mark S. Rosentraub（2012）以 20 世纪 90 年代圣迭戈教士队和圣迭戈市合作建设的棒球场地为对象分析认为公私合作建设的体育场地有利于实现社区经济一体化和稳定财产价值。Edward J. Maile、Alastair M. Blake（2013）提到 2012 年伦敦奥运会安保服务与私人部门的合作提升了服务质量。

总的来说，国外学者对大型体育场馆公共服务治理方案的探讨主要建立在政府与市场能力之上，从传统政府管理、公共服务市场化逐步走向协同治理，建构“联合的公共服务供给”日益成为一种新的治理模式，这为我国大型体育场馆公共服务治理研究和实践提供了有益借鉴，然而相关研究多从公私合作层面展开，以协同治理为理论基础所进行的问题探讨和机制研究尚显欠缺。

1.2.2 国内大型体育场馆公共服务治理研究

大型体育场馆大多随赛事而生，国内关于大型体育场馆赛后运营研究成果较为丰富，但是，作为以财政资金为主要来源、以公益性为基本属性的大型国有资产，如何充分发挥其公共服务效用的研究相对较少，现有研究主要聚焦于服务内容、治理现状、治理结构及机制创新等方面。

1.2.2.1 大型体育场馆公共服务功能及内容研究

我国大型体育场馆在功能定位上素来有公益性和经营性之争，近年来公益性

作为其根本属性逐步受到认可，强调大型体育场馆应当充分发挥公共服务功能。董红刚、易剑东（2013）认为，我国各级政府兴建大型体育场馆在建设逻辑上是政策工具的彰显，在使用者回归的意义方面，出路只能是坚持公益属性和承担社会责任。陈元欣、王健（2015）指出，我国绝大多数大型体育场馆均为公共体育场馆，这一属性决定了大型体育场馆必须以提供公共体育服务为首要任务。王钊、谭建湘、王敏（2015）明确指出，体育场馆公共服务是指政府提供的，以体育场馆为载体生产的，符合公共利益和公共需求的公共服务。

大型体育场馆在公共体育服务体系中具有多样化功能，其涵盖的服务内容十分广泛，包含体育本体公共服务和其他非体育公共服务。刘辛丹、章丽洁（2012）以美国、英国、澳大利亚等西方发达国家的大型体育场馆为研究对象，认为，大型体育场馆不仅具有体育公共服务职能，还包括社会公共服务职能，比如科技功能、教育功能、慈善救济、城市更新等。李圣鑫（2014）认为，大型体育场馆具有提供场地设施服务、健身指导服务、国民体质监测服务、体育信息服务、体育文化服务、体育组织服务和应急避险服务等功能。王钊、谭建湘、王敏（2015）指出，体育场馆公共服务主要包括公益性体育赛事、专业运动队训练、免费和优惠开放、公益性咨询指导培训、公益性文艺表演、公共集会和城市景观服务七个方面。张文亮、陈元欣（2015）认为，体育场馆具有足量供给体育本体公共服务、服务弱势群体、解决就业及提供培训、为体育社会组织提供挂靠服务、公共服务示范辐射、服务经验交流与指导等职能。

大型体育场馆相较于中小型体育场馆而言，在提供大型文体活动方面有着自身独特的功能优势。王喆（2013）认为，大型活动是体现大型体育场馆社会价值的主要方式，要通过与大型活动组织机构长期合作，建立场馆经营联盟等具体策略促进大型体育场馆获取大型活动资源。陆亨伯、方东胜（2015）提出，大型体育场馆应以提供竞赛表演类大型活动等准基本公共服务为主，必须统筹扩大准基本公共服务和非基本公共服务的配套提供，促使大型体育场馆形成区域体育文化服务中心。综上所述，大型体育场馆公共服务的具体形式十分广泛，但现有研究并未就大型体育场馆公共服务的物品特性和界定标准予以进一步探讨，从而为有效治理机制的设计提供依据。

1.2.2.2 大型体育场馆公共服务治理现状及影响因素研究

为盘活大型体育场馆存量资源，各地采取治理措施促进大型体育场馆公共服务的供给，众多学者对各地治理状况进行调查研究，总体认为服务水平大为提升，但却表现出服务总量不足、服务内容单一等特征。张春宇、陈祥岩（2009）调研发现大部分体育场馆能够做到向社会开放，但非体育活动所占的比例大于体育活动。上海市体育场馆公共服务以场地设施服务和体育活动服务为主（钟天朗，2010），宁波市公共体育场馆则面临着场地供给不足、政府购买缺乏、均等化及成本等难题（方霞于，2013）。刘倩、陈元欣、李震（2014）以洪山体育中心为研究个案，结果表明公众对大型体育场馆公共服务质量总体比较满意，但个性服务和健身指导服务有待于提升。李震（2014）发现，我国大型体育场馆公共服务供给成本高、政府投入不足、内容单一、创新能力较低。陈元欣、王健（2015）同样认为，我国大型体育场馆公共服务以场地服务为主，未能根据公众需求提供多元化服务。李安娜（2015）则认为，我国大型体育场馆公共服务水平区域差异明显，东部地区场馆在体育赛事数量、经营性活动数量和场馆收支结余状况上明显优于中、西部区域。魏琳、廉涛（2016）等以公众满意度为评价标准对上海市大型体育场馆公共服务质量进行测评，研究表明体育健身设施、体育活动、体育组织、体育健身指导、体育信息咨询服务以及体质监测服务等方面都存在较大提升空间。李震、郭敏（2017）研究认为，我国大型体育场馆开放综合效率较低，运动健身指导服务不足。

相关学者进一步指明我国大型体育场馆公共服务治理水平主要源于治理主体缺位、体制机制缺失及治理资源匮乏的束缚。钟天朗（2010）认为，政府职能的缺位、标准不统一、配套服务不健全、缺乏激励机制、优惠政策与价值补偿措施不到位等问题限制了大型体育场馆公共服务供给能力。吴碧红、施文忠（2012）、杨震、李艳翎（2013）等对我国高校大型体育场馆面向社会开放的现状及制约因素进行了分析，认为存在场馆规模、地理位置、资金投入、产权制度、目标定位、安全保障等方面的冲突。陈元欣、王健（2014）指出，由于价值导向扭曲、地方政府权责不匹配、政府监管缺位、激励评价机制不完善、公众参与不足等致使我国大型公共体育场馆过度市场化改革，场馆公共服务供给严重不足。戴健、张盛（2015）等研究发现，我国公共体育服务体系存在多部门合作强度较弱、公众参与渠道有限、多元协同乏力等问题。可见，我国大型体育场馆公共服务整体水平低下，主要原因在于缺乏有效、健全的治理机制和相关制度安排。

1.2.2.3 大型体育场馆公共服务治理结构研究

计划经济时期，大型体育场馆公共服务主要由政府负责提供，公共财政予以支持，随着社会主义市场经济体制的确立，我国大型体育场馆公共服务治理结构经历了由政府单一治理向政府、市场、社会、公民等多元治理的转变。唐立慧（2010）、闫静（2015）等认为，政府居于主导地位的治理模式存在失范行为，表现为投入不足、非均等化、低效率，主张多元治理方面。曾庆贺、马书军（2009）认为，我国市场主体逐步成熟，使其有能力参与大型体育场馆设施服务的治理。乔玉（2015）进一步认为，要满足大型体育场馆中居民的体育公共服务需求，必须依靠政府体育组织、非政府体育组织和公益性组织的共同参与。张文亮、陈元欣（2015）主张大型体育场馆公共服务治理结构应由“单中心服务组织”向政府与社会合作的“多中心服务组织”转变。

政府、市场和社会主体共同参与大型体育场馆公共服务治理已经成为一项共识，但如何协调处理三者之间的关系是进一步深化研究的焦点。荆俊昌、冯欣欣（2010）提出政府、市场、社会三类主体的供给范围应该有清晰明确的界定，避免在供给过程中产生“越位”“错位”的现象。陈元欣、王健、王涛（2012）强调在多主体参与的模式下，政府仍然应居主导地位，履行好对市场准入与退出、持续服务、服务质量与价格、社会效益和国有资产等方面的监管责任。武东海（2013）设想从治理主体、决策主体、监督主体三方面打造一种全新的政府、社会、市场三方协作共治的关系。赵子建、张汪洋、巩月迎（2016）以学校大型体育场馆为对象，提出建构由学校、社会主体、专业运营机构等主体跨界合作的治理结构。唐刚、彭英（2016）用政府主导协调、市场组织互利“双赢”、体育社会组织补充共享、体育自治组织承上启下、公民实践参与来建构多元主体参与公共体育服务治理的结构关系。王鹤、孙文娟（2016）提出，政府与社会组织应建立起市场主导为主，政府负责、社会参与为辅的结构关系，进而满足群众多元化、个性化的体育需求。由此可见，政府、市场、社会等多元主体共同参与、明晰权责、协作共治是建构大型体育场馆公共服务新型治理结构的发展方向。

1.2.2.4 大型体育场馆公共服务治理机制创新研究

现有研究存在以下两种思路：一种是主张利用市场机制和企业改制来提升大型体育场馆公共服务水平，另一种是根据大型体育场馆的资产特性进行分类治理。就前者来说，市场化、企业化的机制改革被广泛认可，公私合作、企业化经营、委托经营、政府购买等成为具体的操作形式。郑志强、陶长琪、冷毅（2011）认为，公私合作（PPP）模式是未来我国大型体育场馆建设运营的重要发展方向，公私缔约各方的收益分配是这一模式应用成功与否的关键。陈元欣、王健（2015）主张通过事转企、事业企业并轨运行、事业企业合作运行、事业单位内部企业化管理、委托运营等形式努力推进大型体育场馆运营管理的企业化改革，其核心就是引入市场机制，建立现代企业制度，提高大型体育场馆公共服务能力。王钊、王敏、谭建湘（2015）提出，体育场馆公共服务生产主体和提供主体之间应当建立契约关系，政府购买体育场馆公共服务是化解体育场馆运营困难和公共服务供给不足的有效机制。辛梦霞（2016）以湖北“去运动”APP 为分析对象，专门探讨以政府购买公共体育服务为治理模式的体育场馆公共服务平台。

针对我国大型体育场馆公共服务的实际情况，还有一部分学者提出了分类治理的基本思路。谭建湘（2009）指出，我国体育场馆应按照经营性和非经营性资产进行分类管理，方曙光、徐文强（2011）等也提出对体育场馆进行分类改革，划分为公益性、混合性和经营性体育场馆。雷厉、肖淑红（2013）等认为，我国大型体育场馆应根据客观资源条件分为企业型和事业型两类，进而按照不同模式进行分类改革。陈文倩（2014）主张推进我国大型公共体育场馆事业单位分类改革，公益服务类的大型体育场馆在事业单位序列中负责提供公共体育服务，生产经营类场馆则实行转企改制。李艳丽（2014）以美国、英国等国公共服务机构资产管理经验为鉴，同样认为承担较多公益性服务的公共体育场馆应转为现代事业型体育场馆，但可通过市场化的运作机制来实现公共服务的有效供给。可见，即使在分类治理的框架中，仍然十分重视市场化、企业化机制的应用，但是现有研究过多强调大型体育场馆公共服务市场化机制的积极意义和实现形式，而对市场化进程中多元主体的角色定位和功能联动明显关注不够。

1.2.3 现有研究评价

综观已有的研究，国内外学者在大型体育场馆公共服务治理研究上著述丰富，观点鲜明，这为本书赋予了翔实的研究基础。从现有研究的理论趋向和实践导向来看，多元参与、协同共治俨然成为克服大型体育场馆公共服务水平低下的有效选择，主体能力、现实表现、治理结构、运行机制是研究聚焦的领域，但是系统性、经验性研究尚显不足，还存在进一步探讨和论证的空间。

1.2.3.1 注重理论嵌入，缺乏逻辑架构

20 世纪 80 年代之后，在公共治理范式的影响下，国外对于大型体育场馆公共服务的治理研究日益聚焦于多元主体的跨界协同，从内容方面来看，多是以某一具体体育设施为例，着重探讨公共部门与私人部门的协作框架及其机制设计。国内学者注重治理范式在公共体育服务领域的引入，集中从治理理论视阈下分析多元参与和市场运作的必要性、可行性及实现方式，但是尚未形成系统完整的理论框架用以阐释大型体育场馆公共服务协同治理这一制度方案的内在逻辑和外在效应。我国大型体育场馆产权结构复杂，所处境况千差万别，多元参与必须充分权衡内外的资源条件才有可能切实有效地产生效用，现有研究单向度地强调企业化、市场化改革的优势，而对治理过程中政府、企业、社会组织和公民等多元主体之间相互关系的应然愿景和实然状况，多元主体之间达成良性协同的约束性条件以及生成路径都欠缺一个基于本土情境的逻辑性解释，关于多元主体协同安排的制度分析并不深入。

1.2.3.2 静态分析丰富，动态探究不足

大型体育场馆公共服务协同治理不仅表现为静态的组织关系和结构，更是一个复杂的、动态的行动过程。从微观型结构上看，多元主体的协同安排并不能依靠某种权威力量一蹴而就，它是分散的参与主体之间通过行为互动逐步达成的组织格局，参与方的协同进程始终是一个动态的收敛过程。现有研究较为侧重对协同行为的静态分析，主要考察这一治理形式的制度优势、结构特征和实施策略，很少剖析多元主体走向一致行动的行为过程、远近路径和影响因素，这就无法展现多元主体协同治理的动态性能。事实上，多元参与必然意味着利益的博弈与权衡，协同治理的行为过程就是有限理性的多元主体不断依据影响因素进行行为策略调整的动态博弈过程，需要通过特定的分析工具来明晰这一协同过程的动态性和策略性。

1.2.3.3 重视理念诠释，欠缺经验研究

协同治理是提升大型体育场馆公共服务水平的重要备择机制，如果这是一种有效可行的机制，就需要探讨多元主体走向协同的状态条件、操作规则和绩效表现。现有研究更多地注重多元参与的理念诠释和原则厘定，

强调多元性、互动性、协同性的重要意义，而对多元主体之间为何协同、如何协同以及效用如何缺乏学理分析和经验论证。大型体育场馆公共服务虽然在建筑规模、设计标准、功能特性上具有相似性，但是其所处区域环境、消费市场、产权属性、配套设施上各不相同，多元主体的协同安排是否普遍适用？是否都能带来服务水平的改善？这些都应利用严格的经验分析进行研究。

综上所述，无论是从国外大型体育场馆公共服务治理研究的“治道”逻辑来看，还是从国内的研究主流来看，政府、市场和社会多方协同是提升大型体育场馆公共服务水平的重要治理机制。对于现有研究的不足，本书拟以协同治理理论和 SSP 分析范式为理论基石，建构一个大型体育场馆公共服务协同治理的理论框架，以期从学理性、动态性和应用性研究上取得进展，为大型体育场馆公共服务水平和质量的改进给予理论借鉴和经验支撑。

1.3 研究思路与方法

1.3.1 研究思路

本书以“大型体育场馆公共服务协同治理”为研究对象，结合协同治理理论和 SSP 分析范式得出一个基本命题，即大型体育场馆公共服务协同治理是由来自政府、市场和社会不同领域的多元利益相关主体基于大型体育场馆资产专用性状态，建构跨越组织功能和边界的协同关系以期实现治理效果最大化的一项结构性和过程性制度方案。围绕这一核心命题，全书按照“是什么、为什么、怎么做、怎么样”的逻辑思路系统阐释这一制度方案的选择依据、操作规则和治理效应，共由 7 章组成，系统论证其所具有的合理性和有效性（见图 1 - 1）。第 1 章和第 2 章主要交代“什么是大型体育场馆公共服务协同治理”，第 3 章重在解释“为什么要执行大型体育场馆公共服务协同治理”，第 4 章和第 5 章分别从主体结构和行为过程两个层面阐明“大型体育场馆公共服务协同治理怎么做”的问题，第 6 章通过协同治理绩效的比较分析予以明确“大型体育场馆

公共服务协同治理怎么样”，第7章对全书主要研究结论进行归纳、总结，进而提出相应的政策建议。

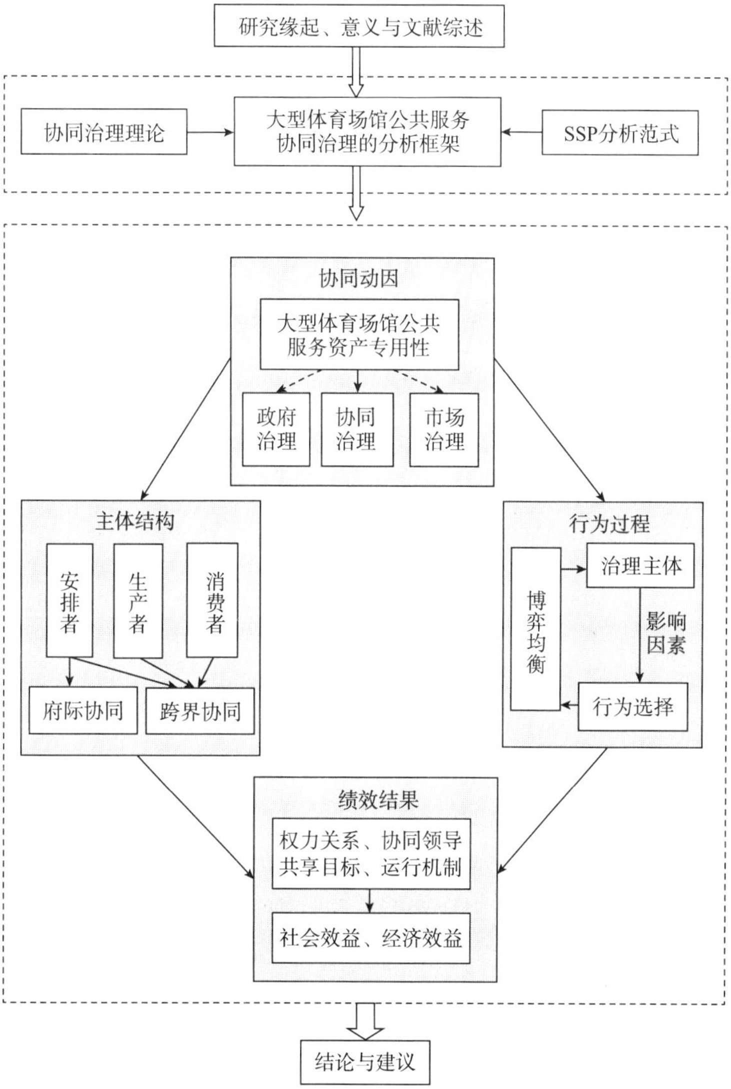

图1-1 研究思路框架

全书具体章节安排如下：

第1章为导论，首先从公共体育需求复杂化特性、大型体育场馆公共服务治理碎片化和体育治理的发展趋向上阐明本书的缘起和意义，而后对国内外相关研究进行梳理、归纳，引出本书的研究视角、基本思路和研究方法，表明研究所具有的可能创新点和不足之处。

第 2 章阐述了协同治理理论和 SSP 分析范式的基本要义及其与大型体育场馆公共服务协同治理的内在关联，并对两者进行逻辑上的整合，从而建构了一个包含协同动因、主体结构、行为过程和绩效结果四个关键要件在内的大型体育场馆公共服务协同治理分析框架。

第 3 章深层剖析我国大型体育场馆公共服务协同治理的选择动因。依据“状态—制度”的制度选择分析路径，结合资产专用性理论解释中国大型体育场馆公共服务资产专用性状态决定协同治理机制的选择机理，进而通过历史分析论证这一机理的合理性和客观性。

第 4 章系统分析了我国大型体育场馆公共服务协同治理的主体结构。首先从公共服务提供与生产理论出发，界定大型体育场馆公共服务利益相关主体的角色定位和权责划分，进而以大型体育场馆资产专用性程度和政府能力为基本向量建构跨界协同结构的操作框架和选择机制，而后从纵向和横向两个维度描述府际之间的协同结构。

第 5 章动态分析大型体育场馆公共服务协同治理的行为选择和演化路径，从制度演化视角说明协同治理行为过程的演化特性、行为模式和影响因素，而后基于演化博弈模型，以“深圳大运中心委托运营”这一大型体育场馆公共服务协同治理案例为分析对象对协同治理行为过程的理论诠释进行验证。

第 6 章比较分析大型体育场馆公共服务协同治理的绩效结果。依照“制度—绩效”的制度影响分析路径，选用四个正反典型案例，通过案例比较对大型体育场馆公共服务协同治理制度安排和绩效结果的影响关系进行分析，辨明这一制度方案的实际效用。

第 7 章是全书结论和政策建议，总结、归纳全书各个章节的主要结论，基于结论提出若干政策建议。

1.3.2 研究方法

大型体育场馆公共服务协同治理既要有理论的解释，又要有现实的验证，本

书主要采用理论分析与实证分析相结合的研究范式，具体采用历史分析法、问卷调查法、专家咨询法、演化博弈及多案例比较等研究方法。

（1）历史分析法。现在和未来的选择是由过去所塑造的，要想探究大型体育场馆公共服务协同治理的选择机理，必须从历史的发展中弄清来龙去脉。本书首先从理论层面认为大型体育场馆公共服务资产专用性程度是治理机制选择的前置动因，而后通过历史分析法对中华人民共和国成立后我国大型体育场馆公共服务资产专用性程度和相应治理机制的历史演变特征进行梳理和归纳，从发展的、动态的视角检讨大型体育场馆公共服务资产专用性和协同治理之间的内在关联和演化规律。

（2）问卷调查法。大型体育场馆公共服务协同治理是一个富有现实性的研究主题，它的适用性和有效性需要建立在准确把握当前我国实践状况的基础之上，本书通过问卷调查法对北京、深圳、武汉及南昌地区大型体育场馆公共服务协同治理典型案例中相应制度安排的执行状况以及绩效水平进行调查研究，共发放了130份问卷，回收117份，有效回收率为90%，通过获取一手数据材料并进行统计分析，为本书的研究观点赋予经验支持。

（3）专家咨询法。大型体育场馆资产专用性是本书研究的一个核心概念，本书试图从资产专用性的内涵出发，基于专家意见对大型体育场馆资产专用性程度进行操作化定义。在设计专家咨询问卷的基础上，邀请了15位经济学、管理学研究领域具有硕士以上学历、副教授以上专业技术职称的高校学者进行两轮打分，最终确定了大型体育场馆资产专用性测度的指标体系。

（4）演化博弈论。演化博弈在刻画制度或机制的形成过程和影响因素上具有卓越的解释力，本书利用演化博弈框架构建大型体育场馆公共服务协同治理行为过程的数学模型，力求客观展现有限理性的多元治理主体基于若干影响因素而不断调整行为策略直至最终达成协同稳定状态的演化过程。

（5）案例研究法。案例研究通过典型案例的情境描述和细致分析，对于解释变量之间的影响机制具有较好的效果，本书采用多案例的重复复制分析和差异复制分析深入探讨大型体育场馆公共服务协同治理制度安排与治理绩效之间这一“怎么样”的问题，为协同治理方案对改进供给结果的有效性提供经验支持。

1.4 创新与不足

1.4.1 可能的创新点

本书对大型体育场馆公共服务协同治理这一重要备择机制展开研究，力图在学理性、动态性和经验性研究上有所突破，创新之处体现在以下三方面：

第一，大型体育场馆公共服务协同治理理论框架的构建。以往虽然从协同治理视角探讨公共服务治理机制的研究成果较多，但以大型体育场馆公共服务为特定对象的协同治理研究较少，而且大多从治理理念层面探讨多元协作的必要性和可行性，欠缺一个系统性的分析框架用以完整地解释大型体育场馆公共服务协同治理的内在逻辑和外在效应。本书尝试在协同治理理论和 SSP 分析范式的逻辑整合之上，以协同动因、主体结构、行为过程和绩效结果为关键要件来建构一个大型体育场馆公共服务协同治理的理论框架，协同动因表明协同治理的前置诱因，主体结构和行为过程为协同治理的内部操作规则，绩效结果则为协同治理的最终效果，研究认为我国大型体育场馆资产专用性特征作为决定利益相关主体相互依赖关系的重要物品特性是驱使原有治理机制向协同治理进行变革的动因，并决定着主体结构和行为过程等内部操作规则的选择，而后会通过制度安排影响绩效结果的路径改变大型体育场馆公共服务绩效水平，从而为大型体育场馆公共服务协同治理这一制度方案的选择依据、操作规则和治理效应提供了完整的解释路径。

第二，以“大型体育场馆资产专用性”作为协同治理动因的理论视角较为新颖。以往研究多从制度环境、传统治理模式的失败和现实需求等方面论述协同治理的动因，但是却忽视了大型体育场馆公共服务这一特定服务形式的物品特性，即它是以具有资产专用性的大型体育场馆为物质载体，而物品或服务的资产专用性会对利益主体的权利关系和依赖程度起到决定性影响，本书的一大创新就在于结合 SSP 范式关于物品特性决定制度选择的逻辑以及资产专用性理论所指出的物品资产专用性与治理机制之间的匹配原理，特以“大型体育场馆资产专用性”这一物品特性作为协同动因，认为我国大型体育场馆资产专用性已从高度性趋向中间性状态，迫切要求与这一状态相适应的协同治理机制来克服传统政府治理和治理市场化所带来的主体协同不力、服务结构失衡和结果导向相悖的不可治理性，侧重从制度经济学视角解释大型体育场馆公共服务协同治理的选择机理。

第三，演化博弈、多案例比较等研究方法具有一定的先进性。大型体育场馆公共服务协同治理行为过程是一个动态的演化过程，现有研究大多采用规范性研究方法对这一过程当中所历经的发展阶段和行为内容进行描述，虽然较为详尽地阐明了多元治理主体从各自分散走向一致行动应进行的各项活动，但规范性研究方法难以客观呈现多元主体之间的行为互动和演化路径，本书依托“深圳大运中心委托运营”案例建构一个演化博弈模型，创新之处就在于利用案例情境和数学模型的有机结合，试图演绎协同进程中多方治理主体的行为策略互动和动态收敛过程，通过这一客观性的解析最终证实协同治理行为过程中的行为互动特性和相关影响因素，从而推动协同治理的有效运转。除此之外，关于大型体育场馆公共服务协同治理的绩效分析，因数据资料的难以收集，这方面的研究成果较少，本书尝试性地采用多案例比较研究方法，利用四个典型案例的差异复制分析和重复复制分析辨明它对提升大型体育场馆公共服务水平所具有的制度绩效。

1.4.2 不足之处

本书基于协同治理理论和SSP分析范式的逻辑整合，对大型体育场馆公共服务协同治理这一制度方案的选择机理、操作规则和影响机制进行了系统、深入的剖析和论证，但是由于研究条件和数据资料的限制，仍有许多不足之处：

（1）大型体育场馆资产专用性视角的单一性。本书为了突出大型育场馆公共服务物品特性对治理机制的决定性作用，特以资产专用性作为协同动因分析其对协同治理的客观需求，然而任何一项制度的选择和应用必然受到多个层面因素的激励和约束，这就使这样一个分析视角在具有新颖性的同时不可避免地带有局限性。而且，资产专用性本是新制度经济学提出的一个定性概念，且很难进行准确的测度，本书尝试从资产专用性的内涵出发，从适用范围和流动价值两个维度下假设若干指标对大型体育场馆资产专用性程度进行评估，这种测度指标的设计与验证只能是尝试性的，缺乏严格意义上的完备性，因而关于协同动因的多维分析应是未来需要进一步拓展的研究内容。

（2）大型体育场馆公共服务协同治理行为过程的演化博弈模型精确性稍显

不足。为了呈现行为过程的动态演化性，本书以演化博弈理论为分析工具、“深圳大运中心委托运营”案例为分析对象，建构了一个演化博弈模型解释两方主体的协同演化过程，但是由于演化博弈方法是对经验世界的理论抽象，本书所做的假设也仅是对现实运行过程中纷繁复杂因素的提炼，所建模型也无法穷尽协同过程中所有可能的影响因素，研究存在一定的局限性。在未来研究中，需要充分考虑体育行政部门、体育社会组织、企业和公民等多元主体的多方重复博弈，并应将制度环境、社会资本等关键要素纳入模型分析当中。

（3）大型体育场馆公共服务协同治理的绩效分析欠缺稳健性。协同治理作为一项制度安排如何影响大型体育场馆公共服务绩效结果是制度分析的落脚点，本书采用多案例比较研究对这一影响机制进行了探析，虽然选取的四个案例具有典型性和对比性，但是囿于案例数量和调研过程的局限性，案例素材数量较少且部分来自二手材料，从而降低了绩效分析的信度和效度。而且，本书所建构的制度安排和绩效结果的指标变量并不能将两者之间的复杂关系进行完整的描述，影响绩效结果的因素也是多样化的，制度环境和社会信任都会对其产生影响，因此，本书的绩效研究也仅仅是一种探索性的，未来还需要通过大样本的实证研究进一步加以严格论证。

第 2 章　理论基础与分析框架

在新时代条件下，我国公众体育服务诉求日益表现出复杂化和多样化，耗资巨大的大型体育场馆又时常处于资源配置低效状态，以科层管理和单线传输为特征的传统政府管理无法协调这一局面，而在新公共管理范式下以市场竞争为核心的公共服务市场化又时常陷入“短期的市场价值与经营绩效而全然不知”①。在这一现实下，必须探寻一种联合的公共服务治理机制以实现公平与效率的统一，大型体育场馆公共服务协同治理正是对这一需求的有效回应。公共治理范式下新兴的协同治理理论能够为它的建构提供学理依据，而美国学者阿兰·斯密德（Allan A. Schmid）所创立的“状态—结构—绩效”（SSP）范式亦能为这一治理机制的合理性和有效性分析提供一个有力的逻辑框架。

2.1　协同治理理论

20 世纪末，随着人类社会进入信息化和网络化时代，公民社会和市场体系日益活跃，各种复杂而棘手的公共问题不断涌现，以官僚系统为支撑的传统科层治理范式早已捉襟见肘，而以分权、竞争和激励为工具的新公共管理范式在回应公共领域对效率推进的同时，却因忽视多元主体之间的协调和沟通而带来了公共价值流失和公共服务碎片化的问题。在过去的十余年间，一种新的公共治理范式兴起，对于这一新的趋向，有许多类似的术语相继出现，诸如“整体性治理”“网络化治理”“协作性公共管理”“协同政府”“协同治理”等，共同点都是强

① 唐任伍，赵国钦．公共服务跨界合作：碎片化服务的整合［J］．中国行政管理，2012，326（8）：17.

调通过跨界合作用以解决那些单一组织难以解决或不易解决的公共问题，鉴于近年来“协同治理”使用频率越来越高，而且它能够揭示这种新兴治理范式的“协同”本质，因此，本书以“协同治理”作为这一理论思想的标识。

2.1.1 协同治理理论要义

协同治理（Collaborative Governance）是治理群簇中日益显现的理论内核，不同于以“命令和控制”为特点的传统政府管理，也有别于以“交易和竞争”为基础的纯粹市场行为，它重新审视政府、市场与社会的关系，注重多元主体之间的协同、网络和整合，在清楚其要义之前，首先应对“协同”加以理解。协同，《说文》中提到“协，众之同和也。同，合会也”，是指众人互相配合、团结统一。在英文中，与“协同”相对应的单词是“Collaboration”，《柯林斯英语词典》中解释是“为生产特定成果而共同工作的行为”，翻译成中文则有合作、协作、协同等义，从词义上看，这些都有“相互配合、共同工作”之意，因而在实践中经常被混用。但在学界，为强调协同的特性，大部分学者认为合作、协调、协同之间是有区别的。David Straus 认为，合作是结果导向，强调通过共同工作达成特定结果，协同则更为强调共同工作的行为本身，关注组织结构和行动过程①。协同与协调（Coordination）也有着明显的区别，协调是指“通过各种不同的努力改变或使得独立的组织、员工或资源之间的关系变得更通畅”，强调的是减少摩擦和冲突②。Green 和 Matthias 按照沟通程度把组织间关系描绘为由竞争、合作、协调、协同和控制所构成的一个连续光谱图，合作处于较低一端，且是一种临时的、非正式的组织关系，协调是需要更多的投入和更为正式的关系，而“协同”则是实现良性互动的最为紧密和正式的关系③。协同是比合作和协调更高层次的联合行动，协同治理则是以其为内核的治理范式，综合国内外学者的观点，可从以下三个层面对其理论要义进行理解。

---

① David Straus. How to Make Collaboration Work [M]. San Francisco: Berrett - koehler Publisher, Inc., 2002: 5.

② 刘亚平. 协作性公共管理 [J]. 武汉大学学报（哲学社会科学版），2010, 63 (4): 574 - 582.

③ Andrew Green, Ann Matthias. Non - governmental Organizations and Health in Developing Countries [M]. London: Macmillan Press Ltd., 1997.

2.1.1.1 重塑多元治理主体的关系

Mattessich 和 Monsey 认为，协同治理是“两个或更多成员为达成共同任务所建立的一种持久且互为信任的关系”①；Gray 认为，协同治理是各方主体利用彼此之间的差异性以寻求单方难以解决的特定议题的解决方案，强调各方的差异性和建设性的配合②；Ansell 和 Gash 则进行了最规范化的解释，认为协同治理是“由政府发起的，一个或多个公共部门及非政府的利益相关者共同参与正式的、基于共识的、协商的、旨在制定和执行公共政策或管理公共项目和资产的治理安排”③，这一多组织安排汲取了不同参与主体的独特属性和资源，从而“解决单一组织不能解决或不易解决的棘手问题和边界性议题”④，从本质上看，协同治理就是一种重塑多元治理主体关系的理论，它把包括一个或多个公共部门以及企业、社会团体、公民个人等非政府的利益相关主体聚合在一起共同努力，这种协同关系是平等的、协商的和基于共识的，每一个参与者都能够自主地参与行动、共享信息和表达偏好，以便发挥各自的资源优势。

2.1.1.2 建构相互依赖的网络结构

Westley 和 Vredenburg 认为，协同治理构成各种结构关系，包括伙伴关系、战略联盟和组织间网络等⑤；Bryson 和 Barbara 认为，协同治理是两个或者多个组织为实现某种结果而对信息、资源、活动和能力的链接⑥；Hynes 和 Kirby 明确指出协同治理就是“一种具有渗透性的结构，可以跨越组织功能和边界而联系起来

① Paul Mattessich, Barbara Monsey. Collaboration: What Makes It Work [M]. MN: Amherst H. Wilder Foundation, 1992.

② Gray, Barbra. Collaborating: Finding Common Ground for Multi - party Problems [M]. San Francisco, CA: Jossey - Bass, 1989.

③ C. Ansell, Alison Gash. Collaborative Governance in Theory and Practice [J]. Journal of Public Administration Research and Theory, 2008, 18 (4): 543 - 571.

④ Robert Agranoff, Michael McGuire. Collaborative Public Management: New Strategies for Local Governments [M]. Washington, D. C.: Georgetown University Press, 2003.

⑤ Westley, Vredenburg. Strategic Bridging: The Collaboration between Environmentalists and Business in the Marketing of Green Products [J]. Journal of Applied Behavioral Science, 1991, 27 (2): 66.

⑥ John M. Bryson, Barbara C. Crosby, Melissa Middleton Stone. The Design and Implementation of Cross - sector Collaborations: Propositions from the Literature [J]. Public Administration Review, 2006 (12): 44.

的组织形式"①，在特定的公共服务领域，让多元主体通过"相互依赖的结构"以产生增值效应是协同治理的基本要义。网络往往是对协同治理结构形式的一种描述，强调一种柔性的、动态的联动结构，Agranoff 认为，协同结构所承担的活动内容主要包括交换信息、培养成员执行能力、设计执行方案和集体执行行动方案，在此基础上把结构形式分为信息网络、发展型网络、扩展型网络和行动网络四种②，它们在内容上呈递进关系，行动网络是最高层次的结构形式。协同治理结构形式也关注参与者之间的权责配置和机制设计，O' Toole 认为，协同结构包括"机构间的合作实体、政府间的程序管理结构、复杂的契约安排和公私合作伙伴关系等"③，战略联盟、伙伴关系、契约关系、志愿部门协议、委员会、理事会等都是具体的结构形态，有些结构能够促进特定议题的解决，有些结构则并不能为参与者带来更高的组织效能，因此，参与协同的行动者需要根据具体的问题情境建构适用的结构形式使协同成为占优策略。

2.1.1.3 共同承担决策责任的动态过程

协同本身是一个互动的过程，Himmelman 将协同定义为组织之间交换信息、改变行为、共享资源、提升能力的过程，通过资源共享和风险共担最终实现共同受益④，Thomson 和 Ann Marie 等认为，协同治理是公共行动者为共同目标承担决策责任的动态过程，这一过程包括进行正式的和非正式的协商互动、共同创造规则和结构、确定行动方式等⑤，从这个层面看，协同治理是相互依存的利益相关主体为解决公共难题而共同承担决策责任的过程。关于协同过程的解释路径包括：一是从演进角度将协同过程视为线性的过程，诸如按生命周期分为战略规划

---

① Michael Hynes, Sheila Nataraj Kirby, Jennifer Sloan. A Casebook of Alternative Governance Structures and Organizational Forms [M]. Santa Monica, CA: Rand Corporation, 2000.

② Agranoff, Robert. Leveraging Networks: A Guide for Public Managers Working Across Organizations [M]. Washington, D. C.: IBM Endowment for the Business of Government, 2003.

③ O' Toole, L. J. The Implications for Democracy in a Networked Bureaucratic Word [J]. Journal of Public Administration Research and Theory, 1997, 7 (3): 443 -459.

④ Arthur T. Himmelman. Collaboration for a Change: Definitions, Decision - making Models, Roles, and Collaboration Process Guide [R]. Himmelman Consulting, Minneapolis, 2002.

⑤ Thomson, Ann Marie, James L. Perry. Collaboration Process: Inside the Black Box [J]. Public Administration Review, 2006, (66).

阶段、协同架构开发阶段和协同执行阶段①，在不同阶段包含着上下承接的内容；二是从非线性视角将协同治理分为谈判阶段、承诺阶段、评估阶段和执行阶段②，协同行动是建立在参与各方对协同价值和期望的谈判和评估基础之上的，当参与集体行动所获得的收益达到合理预期，就会做出理性的选择并实施承诺，如果承诺没有实现互惠，参与者就会通过谈判或者减少承诺来进行策略调整。无论是线性的认识还是非线性的认识，都将协同治理视为一个动态的运作过程，在这个过程中，参与主体会基于利益、资源、信息、信任和共识等来进行谈判和决策，谈判不仅是讨价还价的过程，也是集体学习和商议的过程，从而能够了解彼此之间的态度和关系，并为行动决策打下基础。

总之，我们可以察觉出协同治理所具有的制度特性包括：第一，协同治理是对多样化主体关系的重塑，协同治理有着来自公共部门、私人部门和非营利部门的多个主体，他们之间的关系是平等的、自愿的、协商的和基于共识的；第二，协同治理是一种相互依赖的网络结构，协同治理并不是多样化主体的松散组合，而是通过多样化的网络结构以实现权力共享和资源整合；第三，协同治理是一个动态的行为互动过程，利益相关主体基于不断的价值评估、讨价还价和行为决策而最终趋于集体行动。

2.1.2 协同治理理论框架

协同治理具有明显的实践导向性，目的在于解决公共领域中的棘手问题，研究者试图构建一整套的理论框架用于指导协同治理的实践应用，其中较具代表性的有 Bryson 等提出的跨部门协同框架（见图 2 - 1）以及 Ansell 和 Gash 所构建的协同治理框架（见图 2 - 2）。跨部门协同框架由初始条件、协同过程、治理结构、风险和约束、结果与问责五个要件构成，协同治理框架则由初始条件、催化领导、制度设计和协同过程四个关键变量所组成，两个框架都是基于大量的文献研究将一系列能够促进或阻碍成功协同的关键要件有机组织起来，虽然在构成要素以及相互关系上有所区别，但能直观地发现初始条件、治理结构、协同过程都

① J. Plummer, C. Heymans. Focusing Partnerships: A Sourcebook for Municipal Capacity Building in Public - Private Partnerships [J]. Environment & Urbanization, 2002, 15 (1): 219 - 220.

② Peter Smith Ring, Andrew H. van de Ven. Developmental Processes of Cooperative Inter - organizational Relationships [J]. The Academy of Management Review, 1994, 19 (1): 90 - 118.

被视为影响协同治理成功和成果的关键变量。

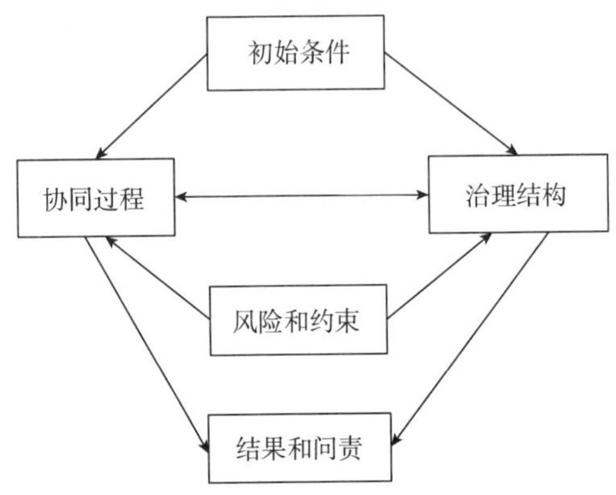

图 2－1　跨部门协同框架①

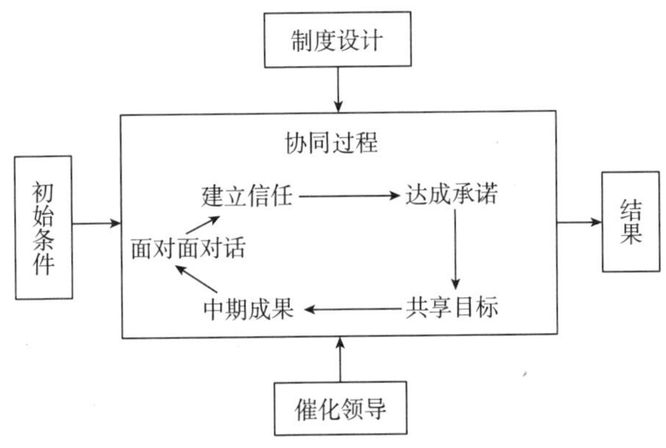

图 2－2　Ansell 和 Gash 的协同治理框架②

2.1.2.1　初始条件

初始条件是指利益相关主体在协同行动之初所面临的环境因素和前提条件。

① John M. Bryson, Barbara C. Crosby, Melissa Middleton Stone. The Design and Implementation of Cross－sector Collaborations: Propositions from the Literature ［J］. Public Administration Review, 2006 （12）: 44.

② C. Ansell, Alison Gash. Collaborative Governance in Theory and Practice ［J］. Journal of Public Administration Research and Theory, 2008, 18 （4）: 543－571.

跨部门协同框架中涉及一般环境、部门失败和先决条件等，一般环境指环境复杂性的增加以及来自竞争性和制度性环境的压力，部门失败是指单一主体行动所造成的“政府失败”“市场失败”或“慈善失败”，其他先决条件是指一个强大的代理机构、一个合法的召集者、一个初步的协议或是现有的关系网络等链接机制。协同治理框架则提出利益相关方所拥有权力和资源的不平衡、协同动机以及既往对抗和合作的历史等是影响协同活动的主要激励和约束因素。利益相关方之间权力的不平衡强调的是一些参与者如果没有相应的能力、组织、状态和资源，或是与其他利益相关者地位不平等，那么协同治理过程很容易受到强势参与者的操纵，且不利于协同进程的推进。协同动机是指影响利益相关方参与意愿的激励性因素，包括权力和资源的平衡关系、利益相关方对结果的期望、解决问题方式的可替代性以及利益相关方的相互依赖程度等，如果利益相关方权力和资源关系更为平衡、对协同结果有较高期望、协同是唯一解决问题的方式、彼此之间相互依赖程度较高，那么将更有利于促成协同。既往对抗和合作的历史同样会影响利益相关者之间的信赖程度和对协同治理方案的认同度。尽管两个理论框架所列举的条件要素不尽相同，但是利益相关主体在能力、资源上的不平衡以及彼此之间的相互依赖是趋向多元主体走向协同治理的重要前提。

2.1.2.2 治理结构

跨部门协同框架中的“治理结构”所指向的是对包括目标、任务的专业化、分工、规则和标准操作过程以及指定的权威关系等要素进行确定和管理，包含结构情境、结构配置和治理等。结构情境会对协同结构产生影响，包括系统的稳定性、协同的战略目的、成员关系的模糊性和地方环境的复杂性等；结构配置强调网络组织的重要性；治理指的是对网络和协同的治理，诸如社会机制、自治结构、领导机构等正式的和非正式的管理机制。协同治理框架没有具体指明治理结构，但其所涉及的“制度设计”和“催化领导”在某种程度上就是对协同治理规则和关系的管理。制度设计指的是协同治理的基本协议和基本规则，直接影响协同过程的合法性。制度设计的首要环节是能够让所有利益相关者广泛参与，具备积极寻求和包容参与者的渠道和论坛；其次要有清晰的基本规则和透明程序，使所有利益相关者相信协同过程是公平的、开放的和真实的；对角色的清晰界定和治理结构的规范化也是重要的设计环节；共识规则和最后期限的设定也是值得考虑的制度设计问题。催化领导是协同进程中扮演“中间人”和“调停人”的重要角色，对于制定和维护基本规则、建立信任、促进对话、探索共同利益至关重要。有效的领导对协同过程进行充分管理，努力在权力分配不对称的利益相关者之间实现“权力平衡”，并促使它们聚集在一起以协同的精神开展对话和探索互惠互利的可能性，确保协同过程“做出可信、令人信服且所有人都可以接受的决策”，如果协同进程中缺乏这样的领导角色，有效协同的可能性将会受到严重制约。

2.1.2.3 协同过程

协同过程是多元利益相关主体走向集体行动的过程，跨部门协同框架认为这其中主要包括达成初始协议、建立领导力、建立合法性、建立信任、管理冲突和计划等。初始协议是指就协同治理的组织、任务和过程达成一致；建立领导力强调正式和非正式领导对协同关系的重要性；建立合法性是指作为跨部门组织的网络获得内部和外部利益相关者的认同；建立信任是指合作伙伴通过共享信息和知识以及展示能力、良好意愿和后续行动来建立信任；管理冲突是指合作伙伴利用资源和策略来平衡权力和化解冲突；计划指的是利益相关者共同就目标、任务、角色、职责、行动步骤等进行正式的或非正式的计划。协同治理框架则认为这是一个不断迭代和循环的过程，包括面对面的对话、建立信任、达成承诺、共享目标和取得中期成果等流程。面对面的对话是建立信任、相互尊重、达成共识和兑现承诺的核心；利益相关者要花费时间和成本来加强信任建设以消除之前的对抗和冲突；通过讨价还价达成的承诺要求利益相关方遵守协商结果；利益相关者就协同目标达成共识，而这可以视为一个集体学习的过程；中期成果是作为过程中的“小胜利”，反馈到合作过程中可以促进建立信任和承诺的良性循环。不同理论框架对协同过程的活动内容有着不同描述，但都包含着一系列通过集体行动达成特定结果的重要行为，而且协同过程是需要以治理结构作为组织支撑的。

2.1.2.4 结果

协同治理最终要落实到结果和影响上，结果指的是协同治理所取得的效果和目标的达成。跨部门协同框架重视协同活动在产生社会资本，增加相互作用并改变权力分配等方面的积极影响或是在失败后重新评估能更大可能地促进公共价值的创造。综观两个代表性框架，皆是分析诸多变量对协同治理取得成功的影响来表达协同治理活动的复杂性和多变性，也表明只有将这些变量有机协调起来，才可能最大化地创造公共价值。

在一个完整的公共服务治理体系中，通常认为有以下三种力量：政府、市场和社会，他们各自有着独特的资源禀赋和能力优势。进入现代社会，任何单一的治理主体都无法解决社会公众对公共服务的诉求，当前我国社会公众体育需求呈现增量化、多样化、个性化特征，但我国绝大多数大型体育场馆由于治理碎片化未能充分发挥公共体育服务功能，表现出公益性流失、服务内容单一、资源闲置率高等问题。协同治理作为“一种提供公共产品和履行公共服务的关键制度形式”①，为我们确定大型体育场馆公共服务协同治理策略提供了参考。但是，这两个理论框架仅从构成要素层面确定与协同成功相关的关键要件，并没有具体指明这些关键要件之间的内在逻辑关系。

2.2 SSP分析范式及其适用性

SSP（Situation－Structure－Performance）分析范式是美国经济学家阿兰·斯密德（Allan A. Schmid）创立的一种制度分析框架，主要研究“当利益发生冲突或者要实现共享的目标时，财产规则怎样构建人类的关系并且影响人们的决策参与？结果会怎样影响经济绩效？”② 它从关注人们之间的相互依赖性出发，结合状态、结构和绩效三个变量进行制度的变迁分析和影响分析，以使人们更好地理解制度的选择以及明确制度是否符合他们的特定利益，这一系统性的分析框架对认识和理解大型体育场馆公共服务协同治理要素之间的内在逻辑具有较强的适用性。

2.2.1 SSP分析范式的基本内容

SSP分析范式关注的焦点是人类之间的相互依赖性，即人们之间既合作又冲

① 邓穗欣，丹尼尔·马兹曼尼安，湛学勇．理性选择视角下的协同治理［J］．复旦公共行政评论，2011（1）：4.

② ［美］A. 爱伦·斯密德．财产、权力和公共选择——对法和经济学的进一步思考［M］．上海：上海三联书店，上海人民出版社，1999.

突的状况，它从物品的状态特性出发，认为不同的物品特性会带来不同的人类相互依赖关系，制度则在于控制和引导这种相互依赖关系，并决定最终的绩效。这一独特的分析范式主要由以下三个变量组成：状态、结构和绩效，并从三个变量之间的相互关系揭示了制度选择和制度影响的逻辑。

状态（Situation）是指“影响人们相互依赖性的环境与产品的内在特性”①，包括个人、团体和物品特性，个人特性涉及偏好、价值观、终极目标、知识、信息处理和决策的策略选择；团体特性是指参与决策的人数、决策者的个人特性以及团体内的决策规则等；物品特性是指物品所固有的物理和生物学特性，包括非相容性使用、规模经济、共享性、交易成本、剩余以及波动性供求等。这些状态特性都将决定人们在经济活动中的相互依赖性并最终影响制度与绩效之间的关系，但在这些特性当中，SSP 范式着重强调被经济学家熟识但从未被系统地整合进制度分析中的物品特性，它认为物品特性会导致人们选择的相互依赖性，即使相同的制度应用于不同特性的物品之时，都会产生不同的绩效。

结构（Structure）是指“人们选择的制度方案，以此确定由各种技术条件的状态决定的相互依赖性”，在于“描述人们之间的相互关系，界定他们的相对机会束”②，相对机会束是人们可获得的行动权利，制度结构就在于通过规定人们的权利、义务和责任，对这种由物品状态所决定的相互依赖性进行控制和协调。阿兰·斯密德认为，制度结构可以分为多个层面和多种类型，可以从宪法、日常工作和组织内部三个层面来理解制度结构，也可分为管理型、谈判型和身份—捐赠型等多种操作类型，管理型是一种等级型的层级结构形式，机会束是由占据权威地位的人所决定的；谈判型则是具有法律平等关系的主体对权利和资源开展谈判、达成协议；身份—捐赠是指一定位置的人采用社会规范向另外一个位置活动。制度结构是人类选择的问题，可能是非正式的和无意识的选择，也可能是正式制度备选方案的选择，人类能够通过获取知识以选择更优的制度方案。

绩效（Performance）是既定状态下制度选择的函数，某一制度结构的激励性所诱发的特殊的和中间的绩效变量会成为一种进入最终消费品和结果的投入③，这种结果不是加总计量总福利，而是对绩效结果进行分解，明确财富和机会在不同利益主体之间的分配程度。SSP 范式认为，由于不同利益的人可能产生冲突，

---

①② ［美］阿兰·斯密德．制度与行为经济学［M］．北京：中国人民大学出版社，2004.

③ ［美］A. 爱伦·斯密德．财产、权力和公共选择——对法和经济学的进一步思考［M］．上海：上海三联书店，上海人民出版社，1999.

传统绩效范畴以自由、效率和经济增长为计算指标的总体评估方法并不能很好地说明一种制度是否有效果，绩效衡量应该弄清楚谁获得了自由、效果对谁更有利以及谁的收益获得了增加。

SSP分析范式进一步结合状态、结构和绩效三个变量之间的关系构造了一个制度分析框架，将制度分析的层次分为变迁分析和影响分析，制度变迁分析的目的在于更好地理解制度的选择，制度影响分析的目的是为了让利益群体明确所选择的制度是否符合他们的特定利益。在制度变迁分析中，状态是自变量，制度结构成为因变量，物品的物质特性（状态）决定了制度结构的选择，当物品状态发生变化，进而通过制度结构影响绩效的路径使原有制度绩效发生变化，这时需要调整制度方案以适应状态的变化（S－S－P－S）。在影响分析中，状态是给定的，可供选择的制度结构是自变量，绩效是因变量，试图分析的是不同的制度方案如何影响人们利益分配的实际绩效，从而改变人们相互依赖性的结果(S－P)。

总之，SSP分析范式利用状态、结构和绩效三个变量以及变量之间的关系系统性地建构了一个制度分析框架，它从物品状态出发到制度结构的选择乃至最终的绩效表现，呈现出一条完整的因果关系链，它既可以用来实证地分析制度的影响，又可用于规范地进行制度的选择，同样它能为理解大型体育场馆公共服务协同治理的选择和效果提供一个系统性的分析框架。

2.2.2　SSP分析范式的适用性

大型体育场馆公共服务协同治理是以大型体育场馆公共服务为治理对象，期待通过多元主体协同治理以改善服务效益的一项备择机制，SSP分析范式对认识和解释这一特定物品治理机制的内在逻辑具有较强适用性。

（1）“状态”与大型体育场馆公共服务物品特性。物品特性是“状态”变量的核心，它对人类相互依赖关系具有决定性作用，包括非相容性使用、规模经济、共享性、交易成本、剩余以及波动性供求等，社会生活中任何一种物品都会涉及这些特性中的一种或几种。大型体育场馆公共服务协同治理所针对的物品对象是以大型体育场馆为物质载体的公共服务，它同样含有共享性、资产专用性等多种物品特性，这些物品特性会影响利益相关主体的相对机会束，从而对彼此之间的相互依赖关系有着特定的要求，大型体育场馆公共服务的物品特性恰好契合了SSP范式中的状态变量。

（2）“结构”与大型体育场馆公共服务协同治理安排。结构是人们选择的制度方案，对由物品特性所导致的人们之间的相互依赖关系予以规范，界定他们的权利、义务和责任。从层次上它可分为宪法层面的制度、日常生活制度和内部规则，每一层次都是选择的产物。大型体育场馆公共服务协同治理无疑是一项用以规范多元治理主体相互协作关系的制度方案，确定它们在协同过程中所能具有的权力和责任，我们可以将其理解为日常工作层面上的制度选择，也可从内部层面探讨它所具备的基本操作规则，这同样契合了 SSP 范式中结构变量的内涵和意义。

（3）“绩效”与大型体育场馆公共服务协同治理结果。绩效着重的是不同制度选择对人们利益分配程度的影响，在于明确自由、效率和经济增长对谁更有利。大型体育场馆公共服务协同治理融合了来自公共部门、私人部门和非营利部门等具有不同利益偏好的多样化主体，协同治理必然要使多元利益主体在机会和财富的分配上都能获得满足才能取得持续性，治理绩效的衡量就不能单单考察整体福利的增加，而应对绩效结果进行分解以明确多元参与主体的各自利益满足程度，SSP 范式对“绩效”内涵的特殊界定恰好也符合这一治理需求。

大型体育场馆公共服务协同治理时常被人们期望为改善公共服务质量和效益的一项制度方案，以此确定多元利益主体之间的权利和机会，进而作为一种投入影响参与主体之间的利益分配格局，最终使不同利益主体可以通过一致行动获取制度安排为他们提供的最佳效益，从而实现各自的期望。SSP 分析范式根据状态、结构和绩效之间的相互关联将制度的影响分析和变迁分析融入同一个系统内，这为我们理解大型体育场馆公共服务协同治理的选择以及明确它是否切实带来绩效的改善提供了一个完整的逻辑分析框架。

2.3　大型体育场馆公共服务协同治理的分析框架

大型体育场馆公共服务协同治理是协同治理范式在大型体育场馆公共服务治理场域的呈现。那么，这一治理形式是否与之契合？它所确立的治理主体之间的相互关系和行为是怎样的？它会带来怎样的绩效结果？协同治理的理论内涵和框架为我们理解和界定大型体育场馆公共服务协同治理的制度内涵和构成要件提供

了重要参考，SSP分析范式关于变量和变量之间关系的讨论，为既定大型体育场馆公共服务物品特性下所应选择的制度方案及其可能带来的绩效结果提供了完整的解释路径。本书在协同治理理论和SSP范式的逻辑整合之上进行扩展，形成“协同动因—主体结构—行为过程—绩效结果”的分析框架（见图2-3），进而对大型体育场馆公共服务协同治理的选择依据、操作规则和影响机制进行系统性分析。

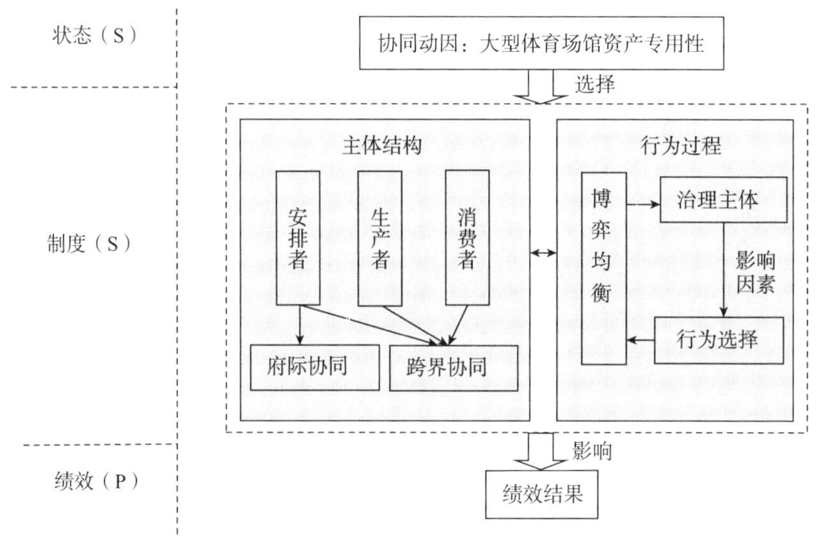

图2-3 大型体育场馆公共服务协同治理分析框架

2.3.1 大型体育场馆公共服务协同治理的制度内涵

大型体育场馆公共服务协同治理是将协同治理机制应用到大型体育场馆公共服务特定场域当中，因而需要在认真审视“大型体育场馆公共服务”这一特定服务形式的基础之上来阐明“大型体育场馆公共服务协同治理”的制度内涵。

2.3.1.1 大型体育场馆的界定

大型体育场馆公共服务是以大型体育场馆为物质载体的公共服务形式，在弄清楚何为“大型体育场馆公共服务”之前，需要对“大型体育场馆”有清晰界定，相较于中小型体育场馆而言，大型体育场馆在容量规模、功能用途和资产属性上具有独特性。

（1）大型体育场馆容量规模大。体育场馆按照不同标准有不同的分类样式，建设部和国家体育总局批准发布的《体育建筑设计规范》（CJGJ31—2003）中，根据容量规模将观众席 40000 座以上的体育场、观众席 6000 座以上的体育馆、观众席 3000 座以上的游泳馆和跳水馆归为大型体育场馆。2013 年《关于加强大型体育场馆运营管理改革创新提高公共服务水平的意见》政策文本中则具体指明，大型体育场馆是指达《体育建筑设计规范》（CJGJ31—2003）有关规模规定的观众座位数 20000 座及以上的体育场、观众座位数 3000 座及以上的体育馆、观众座位数 1500 座及以上的游泳馆、跳水馆等体育建筑，这种容量规模相当于《体育建筑设计规范》中所设定的中型以上体育场馆。2014 年《关于推进大型体育场馆免费低收费开放的通知》中指出，大型体育场馆即座位数 20000 个（包含 20000 个）以上的体育场、座位数 3000 个（包含 3000 个）以上的体育馆、座位数 1500 个（包含 1500 个）以上的游泳馆（跳水馆）。我国第六次全国体育场地数据普查同样是按照这一规模层级来界定大型体育场馆，数据显示，截止到 2014 年底，我国大型体育场馆共计 1093 个。因此，从场馆容量规模上来看，大型体育场馆主要是指观众座位数 20000 座及以上的体育场，观众座位数 3000 座及以上的体育馆，观众座位数 1500 座及以上的游泳馆、跳水馆等。

（2）大型体育场馆具有资产专用性。大型体育场馆作为一种物理性固定资产，具有不可分割和不可移动的自然属性，其所配备的硬件设施和场地器材主要用于体育服务。我国大型体育场馆大多伴随大型体育赛事而生，首要功能即在于满足举办大型竞技体育赛事需求，赛后可开展体育场地设施服务、体育健身技能培训、国民体质测试、大型文体活动等。但是，由于技术进步、功能设计的更新，现代大型体育场馆除履行体育本体功能之外，还可承载文艺演出、商业会展、康体休闲、商贸购物、体育旅游等多样化用途，成为集体育、文化、商业、休闲、购物、旅游、住宿于一体的多功能大型建筑群，南京奥林匹克体育中心、广州天河体育中心等都是“以体为主、多元发展”的体育服务综合体。

（3）大型体育场馆以公益性为根本属性。我国大型体育场馆建设和运营主要依靠政府财政，按照第六次全国体育场地普查数据显示，我国大型体育场馆融资来源中，财政拨款、单位自筹、社会捐赠和其他形式占据资金总额的比例分别为 81.45%、14.6%、0.76%和 3.18%，财政投资占据绝大部分份额，属于国有资产，财政投资的公共产权属性要求把坚持公益属性、发挥社会效益作为我国大型体育场馆功能的基本定位。同时，由于大型体育场馆具有产业属性，可以通过市场经营取得盈利，因此，我国大型体育场馆往往兼具公益性和经营性双重属性，准确把握公益性和经营性的关系成为能否充分发挥大型体育场馆服务功能的重要议题。

2.3.1.2 大型体育场馆公共服务的内涵及类别

我国大型体育场馆容量规模大、服务功能多样化且以公益性为基本属性，也就决定了其具有为公众提供公共体育服务的基本功能和要求，大型体育场馆公共服务便是这一职能形式的体现。理解大型体育场馆公共服务的内涵可从以下三个层面展开：一是满足公共需求属性，我国大型体育场馆多是由国家财政投入建设，为满足赛事需要、运动训练及公众健身娱乐需求而修建的大型公共体育设施，公益性是其根本属性，提供公共体育服务、满足公众体育需求是其重要使命。二是符合公共物品特征，一般来说，“公共服务属于公共物品，具有消费的非竞争性和非排他性”[①]，大型体育场馆公共服务就是以大型体育场馆为载体所提供的公共物品和服务，其产品和服务可以依靠门票实现排他性，竞争性受到容量规模的限制，在容量限度之下，是具有非竞争性的，在一定程度上符合“准公共物品”的定义。三是属于政府职能，莱昂·狄骥认为“任何因其与社会团结的实现与促进不可分割、而必须由政府来加以规范和控制的活动，就是一项公共服务，它具有除非通过政府干预，否则便不能得到保障的特征”[②]，大型体育场馆公益性的定位决定了政府负有投入财政经费以提供大型体育场馆公共服务的责任。总之，大型体育场馆公共服务是指以大型体育场馆为物质载体，满足公共需求、实现公共利益为价值目标向社会公众所提供的各种公共产品和服务的总称。

公共体育需求具有广泛性、多样性和层次性，根据需求的公共程度和紧迫程度，大型体育场馆公共服务有基本公共服务和非基本公共服务之分。①大型体育场馆基本公共服务是指以大型体育场馆为公共体育设施，满足与经济社会发展水平相适应、具有基础性和迫切性公共需求的公共服务。按照当前我国经济社会发展水平和政府财政能力，大型体育场馆基本公共服务内容主要包括体育场地设施

① 王锋，陶学荣．政府公共服务职能的界定、问题分析及对策［J］．甘肃社会科学，2005（4）．

② 莱昂·狄骥．公法的变迁［M］．北京：中国法制出版社，2010.

服务、体育健身指导服务、国民体质测试服务、体育信息咨询、群众性体育赛事、群众性公益活动、群众性文化活动等，政府具有为社会公众提供基本公共服务、满足基本公共体育需求的职责。②大型体育场馆非基本公共服务是指满足更高层次公共体育需求，依托大型体育场馆所生产的公共服务和产品，相较于基本公共服务而言，这类服务是满足公众体育健身需求所必需，需要政府扶持的公共服务，但是可以引入市场机制提供和运营。大型体育场馆在举办大型体育赛事、大型文体活动和会展方面具有独特优势，能够满足公众较高层次的体育需求，所提供的产品和服务更多归为带有一定外部性和非竞争性的准公共物品，这就决定了可以通过市场运营机制为社会公众提供更加优质、丰富、高效的公共服务，政府采取必要措施予以扶持。大型体育场馆非基本公共服务主要包括大型体育竞技赛事、体育健身技能培训、体育休闲娱乐、文艺演出、体育旅游等。

2.3.1.3 大型体育场馆公共服务协同治理的含义

大型体育场馆公共服务是我国公共服务体系的重要组成部分，顾名思义，大型体育场馆公共服务协同治理就是将协同治理范式引入大型体育场馆公共服务治理场域，基于协同治理的理论内涵，同样可从关系、结构和过程三个层面来解释大型体育场馆公共服务协同治理的含义：①大型体育场馆公共服务协同治理是对多元利益相关主体关系的重塑。大型体育场馆公共服务的利益相关主体包括政府主管部门、体育场馆事业单位、企业组织、体育社会组织和公民等所有能够影响服务目标或受其影响的个体和群体，协同治理就在于把这些具有独特属性和资源禀赋的主体聚合在一起共同努力、彼此依赖和相互期望，共同致力于服务质量和效益的改进，以此满足公众日益复杂化和多样化的公共体育需求。②大型体育场馆公共服务协同治理界定了多元利益相关主体的“相互依赖结构”。多元利益相关主体只有通过清晰的权责界定和适宜的结构形式才能实现资源共享和优势互补，大型体育场馆公共服务协同治理必须依托于多样化的协同结构形态来实现这一目的，包括融合政府、市场和社会组织边界的各种协作形式。③大型体育场馆公共服务协同治理是对多元利益相关主体集体行动过程的描述。协同治理本身是一个协商、谈判和决策的过程，多元参与主体持续地就大型体育场馆公共服务议题进行信息交流、协商谈判、价值评估和行为选择，最终基于共识而走向集体行动。

总的来说，大型体育场馆公共服务协同治理是指由来自政府、市场和社会不同领域的两个或多个利益相关主体建构跨越组织功能和边界的协同关系以期实现优势互补和治理效果最大化的一项结构性和过程性制度方案。目前，其已在实践领域作为一种治理工具逐步推进，英国是公共服务协同治理的先锋，2006 年英国审计委员会和国家审计办公室联合发布“有效供给：强化公共服务供给链的连接”报告，英国政府希望通过构建一个“包括中央和地方政府、私人和第三部门的复杂组织网络”① 来满足不同社区的公共体育需求。在美国大型体育设施的利用中，强调政府和市场、社会责任的分担，注重体育协会和体育俱乐部的进驻。法国同样注重通过政府、市场和社会的作用将大型体育设施建设成具有购物、旅游、健身、休闲和娱乐等功能的网络状空间结构②。在中国，湖北武汉、广东深圳、江苏常州纷纷推进政府向社会力量购买大型体育场馆公共服务的协同治理模式。

2.3.2 大型体育场馆公共服务协同治理的关键要件

无论是 Bryson 等提出的跨部门协同框架或是 Ansell 和 Gash 所构建的协同治理框架，都是从大量文献和案例的荟萃分析中发掘影响协同成功和成果的若干因素，而且一致性地认为初始条件、治理结构、协同过程和结果是构成复杂协同治理系统的关键要件，初始条件是协同之初公共项目所面临的环境和动因，治理结构是对成员关系和权责的规则设计和结构配置，协同过程是利益相关主体达成承诺和采取行动的过程，结果则是指所有协同活动最终取得的成果。然而，这两个框架只是归纳和提炼了协同治理成功的要件，却没有解析要件之间的内在逻辑，显得松散而不严谨。SSP 分析范式出于制度分析的目的，更为具体地着眼于人们的相互依赖性，以状态、结构和绩效为变量构建了一个独特的分析框架，假设在给定的物品状态下，所选择的制度结构决定了最终的绩效，从而使变量之间呈现出一条完整的逻辑链。因此，为呈现出分析框架的完整性和严谨性，本书对协同治理理论和 SSP 分析范式进行逻辑上的整合，并基于状态、制度、绩效三个层面，确立协同动因、主体结构、行为过程和绩效结果四个变量作为大型体育场馆

① 陈丛刊，卢文云，陈宁．英国公共体育服务供给体系建设的经验与启示［J］．成都体育学院学报，2012，38（1）：29．

② 曹璐．国外城市公共体育场馆服务大众体育发展经验及对我国的启示［J］．北京体育大学学报，2016，39（10）：39．

公共服务协同治理框架的关键要件。

2.3.2.1 状态：协同动因（大型体育场馆资产专用性）

《现代汉语词典》对“动因”的解释是原因、动机，任何一项制度方案的采用和实施必然受到多重前置因素的诱致，要想预测它所能带来的绩效结果，就必须先弄清楚选择它的原因和动机是什么？协同治理理论中的两个代表性框架都将初始条件作为第一个基本要素，认为利益相关者启动协同治理之初都是嵌入在既定的制度环境和前提条件当中，而这些会对利益相关者之间的协同产生激励性或约束性。SSP 分析范式则认为物品特性作为给定状态在整个范式体系中占据重要地位，因为它直接导致了人们在经济活动中的各种相互依赖性，而一种给定的物品特性决定了用以描述相互依赖性的制度结构的选择。无论是“初始条件”或是“物品状态”都是从前因和动机的层面说明某一项制度结构的先决因素，但是这两个概念从词义上都呈现出一种静态性，不足以表述能够诱发一定行为和过程的动态性，因此，本书拟以“协同动因”这一术语来替代“初始条件”或是“物品状态”，更为生动地表达大型体育场馆公共服务协同治理这一制度选择的前置诱因。

正如 SSP 范式所言物品的内在状态特征决定着制度结构的选择，大型体育场馆公共服务的哪些状态特性要求选择协同治理方案？大型体育场馆公共服务是公共体育服务体系的重要组成部分，除了具有公共服务的共享性和外部性等一般特性之外，因其以地理位置固定、用途范围有限的大型体育场馆为物质载体又呈现出明显的资产专用性。威廉姆森认为，物品的资产专用性本身属于一种关系专用性，它会产生一种套牢效应锁定交易双方之间的关系，任何一方的退出都会给另一方带来损失，专用性投资较少的一方就有可能对另一方的权益进行掠夺，通过“敲竹杠”的机会主义行为来增加自己的权益，此时需要根据物品的资产专用性程度匹配相应的治理机制来控制机会主义行为发生的可能。由此可见，物品的资产专用性程度会对交易主体的权利关系和依赖程度起到决定性的影响，本书便着重以大型体育场馆资产专用性作为物品的状态特性来分析中国大型体育场馆公共服务协同治理的诱因和动机。

2.3.2.2 制度：[①] 主体结构和行为过程

大型体育场馆公共服务协同治理是对多元利益相关主体协同履行治理任务的组织结构和行动过程进行规定的一种制度方案，在其内涵的理解中，主要涉及结构和过程两个层面，为更全面理解大型体育场馆公共服务协同治理的操作规则，本书将其具体分解为主体结构和行为过程两个维度。主体结构是从组织结构层面描述多元治理主体的权责配置和组织形态，通常包含权力、责任、分工、规则、操作程序和权威关系等，行为过程则是从动态运行层面描述多元治理主体基于价值判断所进行的行为选择过程，主体结构和行为过程相互包含、不可分离，共同构成协同治理的制度规则。

阿兰·斯密德从本质上强调制度结构实质上是“人们一切权利（机会）的集合”[②]，这意味着要在制度安排中有效界定参与主体能够获得的行动权利和相互关系。而在协同治理的理论框架中同样将治理结构视为影响协同成功的关键要素，强调网络化的结构配置以及合理的机制设计。大型体育场馆公共服务协同治理是由政府、体育场馆事业单位、企业、体育社会组织和公民等多个利益相关主体共同参与的治理安排，让多元主体能够依靠适宜的、相互依赖的结构实现权力共享和资源整合是协同治理的基本要义，主体结构就是对大型体育场馆公共服务利益相关主体的权责配置和组织形式进行合理安排。在现代公共服务提供与生产理论的支撑下，“多中心允许消费、提供和生产单位在不同综合层次的混合和搭配运作”[③]，因而也就可以基于安排者、生产者和消费者的角色分离将多元利益相关主体融合到一个共同体当中，并能清晰地界定各自的权利、义务、责任和运作结构。它应当强调以下两个层面的整合：一是作为安排者的纵向和横向政府部门之间应建立权责配置合理的、协调联动的府际协同；二是来自公共部门和非公共部门的跨界主体应根据大型体育场馆公共服务的物品特性选择适宜的跨界结构形式以实现协同效应。

在既往协同治理的设定框架中，协同过程作为其中的核心要素，更多被描述

---

① SSP范式中“结构”变量实质代表的是一种制度结构，本书为与“主体结构”相区分，将其替换为“制度”。

② ［美］A. 爱伦·斯密德．财产、权力和公共选择——对法和经济学的进一步思考［M］．上海：上海三联书店，上海人民出版社，1999.

③ ［美］埃莉诺·奥斯特罗姆．公共事物的治理之道：集体行动制度的演进［M］．上海：上海三联出版社，2000.

为由一系列前后相承的发展阶段组成，集中在行为程序的探讨上，一般包括议题设定、沟通谈判、建立领导力、达成共识、投入资源、执行承诺、取得成果、评估与问责等，这一规范虽对协同过程每个阶段所应进行的协同行为有着清晰的界定，却忽视了行动过程的动态性和策略性。阿兰·斯密德以行为科学为基础认为个人行为塑造和修正了制度，如同康芒斯所言："一项制度是个人行为控制、解放和扩展的集体行为"①，青木昌彦进一步把制度理解为"制度是关于共有信念的自我维系系统，实质是对博弈均衡的浓缩性表征"②，以上论述都是把制度理解为个人行为选择的协同演化，为描述协同治理行为过程的动态性提供了分析视角。基于这一理解，大型体育场馆公共服务协同治理在行为过程层面上实为有限理性的多元治理主体基于认知进化和价值评估而不断调整行为策略乃至最终达成协同状态的博弈过程，因此，本书便利用演化博弈模型对这一过程当中的行为选择和演化路径进行较为动态的描述。

2.3.2.3 绩效：绩效结果

制度分析的落脚点在于明确所选择的制度是否实现了预期目的，大型体育场馆公共服务协同治理作为既定状态下的一项备选制度方案，只有了解它最终所能带来的成果才有助于公共管理实践者们予以认同和执行，绩效结果就在于考察大型体育场馆公共服务协同治理的结果。SSP 分析范式所强调的绩效并非关注社会福利总量的增加，而是着眼于制度所带来的财富和机会在不同利益主体之间的分配程度，其度量的标准是利益分配。大型体育场馆公共服务协同治理期望整合公共部门和非公共部门的独特资源以实现公共价值的增值，而来自不同领域的参与主体有着各自的利益偏好，诸如政府等公共部门希望获得合法性的增加，企业等非公共部门则希望获得经济利润，只有同时满足了多元主体的利益需求，这一制度方案才算在公共管理实践中获得成功，因此本书从社会效益和经济效益两个层面对大型体育场馆公共服务协同治理的绩效结果进行分解，以期反映参与各方的利益实现程度。社会效益是指协同治理对大型体育场馆公共服务全面性、公平性的改进效果，当社会公众能够广泛地、均等化地获取大型体育场馆公共服务，意味着政府等公共部门的组织价值得到了兑现，从而增强了自身合法性和公信力。

---

① ［美］约翰·R. 康芒斯．集体行动的经济学［M］．北京：中国劳动社会保障出版社，2010.

② ［日］青木昌彦．比较制度分析［M］．上海：上海远东出版社，2001.

经济效益是指协同治理对大型体育场馆公共服务经营性、自给性的改进效果，大型体育场馆公共服务的准公共物品特性决定了其可以利用市场经营实现反哺，当企业等非公共部门能够通过参与治理获得合理回报，也就实现了利益诉求。

2.3.3　大型体育场馆公共服务协同治理的内在逻辑

理论框架是由变量和变量之间的关系所组成的，在设定了协同动因、主体结构、行为过程和绩效结果作为大型体育场馆公共服务协同治理系统的四个关键要件之后，进一步按照状态—制度、制度—绩效的路径进行制度选择分析和影响分析，通过梳理要件之间的相互关系来更好地理解大型体育场馆公共服务协同治理这一制度选择的因由和可能带来的结果。

2.3.3.1　状态—制度：大型体育场馆公共服务协同治理的选择分析

制度是人们“选择”的产物，SSP 分析范式认为人们从不同层次对不同制度进行选择，第一层次是宪法和政治层次；第二层次是个人和组织的日常层次；第三层次是在组织内部进行选择①，并且在制度选择的分析中，以物品状态为自变量，制度结构为因变量，认为物品的状态特性决定了制度结构的选择。大型体育场馆公共服务协同治理作为一项可选择的制度结构，制度选择的分析可从两个层面展开：第一层面是将其视为日常工作层面上的制度，我们需要探讨相较于传统的政府治理或是新公共管理范式下的市场治理，大型体育场馆公共服务物品特性是如何决定着它的选择和发展；第二层面则具体到这一治理机制内部的主体结构和行为过程，同样从大型体育场馆公共服务的物品状态出发，分析它是如何影响协同治理内部操作规则的选择和演变。

在第一层面的选择分析中，正如前文所言大型体育场馆资产专用性是其物品特性中对人们之间相互依赖性具有较强影响的状态特征，短期上这种物品状态是既定的，但从长期来看，技术使它处于一种变化的趋势当中，当物品特性发生变化，就会通过制度结构影响绩效的路径改变原有的制度绩效，这时需要调整制度方案以适应状态的变化。我国大型体育场馆资产专用性随着环境变迁和技术进步，从长期趋势上看显示由高趋弱的发展特征，那么依据威廉姆森的资产专用性

---

① ［美］阿兰·斯密德. 制度与行为经济学［M］. 北京：中国人民大学出版社，2004.

理论，用以克服机会主义行为的治理机制就需要随之发生变迁，因此，我国大型体育场馆资产专用性的特征变化正是作为一种诱因和动机驱使原有的治理机制向协同治理的方向进行变革。

主体结构和行为过程是大型体育场馆公共服务协同治理的内部操作规则，既定状态下的大型体育场馆资产专用性会对利益相关主体之间的相互依赖结构和行动路径产生影响，这正是制度选择分析的第二层面。我国现时大型体育场馆资产专用性整体上虽然处于特定的状态区间当中，但是新旧场馆和不同区域场馆之间仍然有着程度上的差异性，即使是协同治理框架内的结构形态也是复杂多样的，因此主体结构的选择符合相应状态的资产专用性才能使协同成为占优策略。而这些互相共享的、联动的结构形成于人们的行为选择当中，资产专用性所衍生出来的预期收益、治理成本和主体能力则会影响理性的、会算计的主体之间的行为选择，参与主体通过价值的权衡在协同和不协同的行为策略中不断地进行选择，从而塑造了大型体育场馆公共服务协同治理的行为决策过程。

2.3.3.2 制度—绩效：大型体育场馆公共服务协同治理的影响分析

制度影响分析的目的是揭示制度与绩效之间的关系以便人们了解哪项制度更为符合他们的特定利益。大型体育场馆公共服务协同治理既然是特定资产专用性状态下所决定的制度选择，并被我们期待成为克服供给难题、改善供给效率的一项解决方案，那么就应判明这项制度安排将如何影响最终的绩效，是否能够带来预期的理想结果？SSP 范式在影响分析中，以可选择的制度结构作为自变量，制度绩效为因变量，分析的是对人们权利、责任和行动路径有所规定的制度结构如何影响机会、财富及其分配的实际绩效。大型体育场馆公共服务协同治理规定并限制了利益相关主体可采用的组织结构和行为方式，主体结构和行为过程作为内部的操作规则势必影响参与主体的行动能力和他们之间的成本收益分配，因此，以大型体育场馆公共服务协同治理的制度安排为自变量，大型体育场馆公共服务所能获取的经济效益和社会效益为因变量，通过分析协同治理所规定的权力关系和行动路径与两个层面效益的影响关系，最终能够明确协同治理是否带来了我们所预期的绩效结果以及如何影响着这一绩效结果的实现。

总而言之，作为一种制度形式的大型体育场馆公共服务协同治理是在协同治理范式下用以期望改进服务效率和质量的重要备择方案，它的价值取向和理论内涵是以协同治理理论为基本依据的，而它的工具理性和演化逻辑则与阿兰·斯密德所创立的 SSP 范式有着高度契合性。本章以协同治理理论和 SSP 分析范式为基础建构全文的理论逻辑和分析框架，为解释大型体育场馆公共服务协同治理嵌入在中国现实情境下的合理性和有效性提供了一个完整的逻辑路径。

第3章　大型体育场馆公共服务协同治理的动因分析

大型体育场馆公共服务协同治理作为一项用来改进服务质量和效益的重要备择机制，它的形成和发展必然受到一系列因素的激励和约束，协同动因意在描述影响和促进大型体育场馆公共服务治理机制走向“协同”的诱因和动机。SSP 范式中的“状态”变量将物品特性视为制度选择的关键诱因，并认为物品特性决定了人们之间的相互依赖性。大型体育场馆公共服务是以大型体育场馆为物质载体的独特服务形式，大型体育场馆所含有的资产专用性对利益相关主体的相互依赖关系具有决定性影响，因此本书特从制度经济学视角解析大型体育场馆资产专用性作为协同动因对协同治理机制的激励和约束作用。

3.1　协同动因的机理分析：基于资产专用性的视角

大型体育场馆公共服务协同治理是一种特定的制度方案，这一制度的选择需要充分考量状态变量到制度变量的逻辑演进，也就是大型体育场馆公共服务的物品特性如何塑造利益相关主体之间的相互依赖性，并决定着用以规范这一相互依赖性的制度选择。大型体育场馆因地理位置固定、设施性能专用、用途范畴有限、产权结构特定而表现出一定强度的资产专用性，威廉姆森的资产专用性理论以交易成本最小化为依归，且对资产专用性程度和治理机制之间的匹配规则进行了经济学的诠释，本书借此为分析视角阐明大型体育场馆资产专用性这一特定物品特性与协同治理机制之间的因果关联。

3.1.1　资产专用性理论的基本逻辑

资产专用性理论是使交易成本经济学取得实质性进展的基础理论之一，正如威廉姆森所言，“交易之所以称为交易，最关键的条件就在于资产具有专用性”①，治理机制的选择以其为核心变量。大型体育场馆公共服务具有资产专用性，这就决定了治理机制的选择依据。

3.1.1.1　资产专用性与机会主义行为

资产专用性（Asset Specificity）概念最早可追溯至德国学者李斯特（1841）对人的经验、习惯和技术的认识，1985年，威廉姆森正式确定资产专用性的内涵，是指“在不牺牲生产价值的前提下，资产能够被重新配置于其他替代用途或是被其他替代使用者重新利用的程度”，当某种资产在某种用途上的价值远高于任何其他用途上的价值时，该资产在该用途上就具有专用性，也就意味着资产专用性是为了支撑某种特定用途而进行了耐久性投资后形成的②，一旦变更用途，资产价值就会贬值。因此，专用性资产主要具备以下两大特征：一是由特定的主体拥有或控制，二是具有特定的用途，判断某一种资产是否具有专用性，主要看其能否转变用途或者转为他人重新利用。

威廉姆森在分析资产专用性对交易行为的重要影响之前，对人的行为性做了基本假定，他认为实际的人都是“契约人”，契约人的行为特征不同于“理性的效用极大化者”，而是表现为有限理性和机会主义行为，机会主义行为是指“人们常以不诚实的或者欺骗的方式追求自身利益的行为”③，通过信息方面的误导、歪曲、隐瞒或混淆的方式去增加自己的利益。正是由于有限理性，机会主义行为有了发生的可能，而资产专用性所产生的可占用性准租，使这种可能变为现实。资产专用性与沉没成本有关，投资一旦形成，就不可能在不损失生产价值的前提下改变用途，因此，它会产生一种可占用性准租，就是资产转作他用时的损失程度。一旦专用性投资形成，就锁定了交易双方之间的关系，任何一方的退出就会给另一方带来损失，而且资产专用性程度越高，所带来的可占用性准租就越大，

① ［美］奥利弗·E. 威廉姆森. 资本主义经济制度［M］. 北京：商务印书馆，2004.

② 牛德生. 资产专用性理论分析［J］. 经济经纬，2004（3）：18－21.

③ 费方域. 契约人假定和交易成本的决定因素［J］. 外国经济与管理，1996（5）：26－29.

从机会主义行为中获取的收益就越大，而在没有任何制度限制的情境下，专用性投资较少的一方就有可能对另一方的权益进行掠夺，“敲竹杠”的机会主义行为就会产生。因此，需要采取一定的方式去控制机会主义行为发生的可能。

3.1.1.2 资产专用性决定治理机制

由于资产专用性具有套牢效应，为了克服机会主义行为的发生，就需要采取与交易属性相匹配的治理机制使得交易成本最小化。威廉姆森（1985）认为，所有的经济活动都是交易活动，交易属性决定治理机制。他从资产专用性、市场的不确定性和交易频率三个维度描述交易属性，当资产不具有专用性时，无论不确定性程度有多高，交易频率是多是少，对治理机制的选择都不会造成太大的影响，因此资产专用性是决定不同治理机制的核心变量。他将治理机制主要分为市场治理、混合治理和科层治理三种，这三种机制在自发适应性（A 型适应）、协调适应性（C 型适应）、激励强度和行政控制四个方面存有差异性（见表 3 -1）。市场治理具有较强激励作用和自发适应性，科层治理更具有协调适应性和控制能力。混合治理是介于市场治理和科层治理的中间性制度形式，在四种属性上都处于半强状态，与科层治理相比，能保持较强的激励作用并限制官僚主义扭曲，与市场治理相比，又能保持一定的控制力和协调性。

表 3 -1 治理机制的区别点①

	治理机制		
	市场治理	混合治理	科层治理
激励强度	强	半强	弱
行政控制	弱	半强	强
自发适应	强	半强	弱
协调适应	弱	半强	强

威廉姆森进一步分析了资产专用性程度与治理机制的匹配关系（见图 3 -1），令 M = M(k, θ) 与令 H = H(k, θ) 表示作为资产专用性（k）和转移参数向量（θ）的函数的市场治理成本与科层治理成本，约束条件都是选择同样程

① ［美］奥利弗·E. 威廉姆森. 治理机制［M］. 北京：机械工业出版社，2016.

度的资产专用性，结论是 M(0) < H(0) 与 M′ > H′ > 0，第一个不等式表示科层组织的官僚成本大于市场的官僚成本，市场在自发适应性上更具有优势，因此市场治理曲线的截距低于科层治理曲线的截距，第二个不等式表示随着资产专用性增大，市场治理比科层治理的边际限制更为显著，科层治理更具优势。进而以 X = X(k，θ) 表示混合治理的治理成本，结论是 M(0) < X(0) < H(0) 与 M′ > X′ > H′ > 0，此时如果 k^* 是 k 最优值，有效供给（在包络线上运行）规则为：①当 $k^* < \overline{k_1}$ 时，运用市场治理最优；②当 $k^* > \overline{k_2}$ 时，采用科层治理机制最佳；③当 $\overline{k_1} < k^* < \overline{k_2}$ 时，则应采用混合治理。可见，根据治理成本最小化原则，人们可以依据资产专用性程度选择有效的治理机制，市场治理、混合治理和科层治理如同一张连续光谱图，市场治理和科层治理位于两端，分别对应于极端程度的资产专用性，混合治理则适用于大量中间形态的专用性资产。

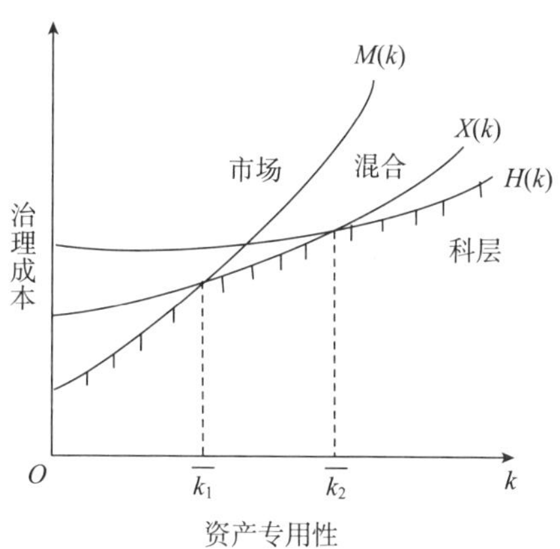

图 3－1　资产专用性和治理机制的匹配

3.1.2　自变量：大型体育场馆资产专用性

SSP 分析范式认为物品特性导致人们在经济活动中的各种相互依赖性，大型体育场馆公共服务是公共体育服务体系的一种特殊类型，其以大型体育场馆为物质载体，这一物理性资产具有一定强度的资产专用性，从而使大型体育场馆公共服务在物品特性上也表现出较为显著的资产专用性，而这将会对利益相关主体的相互依赖关系产生影响。

3.1.2.1 大型体育场馆资产专用性的界定

根据威廉姆森对资产专用性的定义，当某项资产难以被重新配置于其他用途或者难以被其他使用者重新利用，就表明该资产为专用性资产。资产专用性具体又可分为地理位置专用性、实物资产专用性、人力资产专用性、特定用途专用性和品牌资产专用性五类。大型体育场馆公共服务是以大型体育场馆为物质载体，面向社会公众所提供的各种公共物品和服务的总称，大型体育场馆作为一种物理性固定资产，在地理位置、设施性能、用途范畴和产权属性上都有其专用性，因而具有较强的资产专用性：①地理位置固定，大型体育场馆是实物形态的固定性资产，具有不可分割和不可移动的自然属性，分布在特定的地理区域，地理区位的锁定本身限制了资产的流动性，而所在区位的环境因素进一步会对流动性产生影响。②设施性能专用，大型体育场馆所配备的硬件设施和场地器材主要用于体育运动，具有独特性和不可替代性。③用途范畴特定，大型体育场馆在功能设计上主要服务于大型体育赛事，用途范围存在限制性，改变用途可能会对场馆价值有较大影响。④产权属性专有，大型体育场馆作为具有一定公益性的准公共物品，容量规模大、投资大、成本回收周期又长，导致我国绝大部分大型体育场馆由政府投资建设，属于国有资产，其产权具有专属性。因此，以大型体育场馆这一专用性资产为载体所提供的公共服务在物品特性上呈现出资产专用性。

3.1.2.2 大型体育场馆资产专用性的测度

资产专用性大多作为一个定性概念，程度高低的测定并没有明确的衡量标准，但是无法准确测度大型体育场馆的资产专用性程度，就难以对众多治理机制的选择进行解释和预测。为便于对大型体育场馆公共服务协同动因的操作性分析，本书试图从资产专用性的内涵出发，基于文献资料和专家意见对大型体育场馆资产专用性程度进行操作化定义。资产专用性从其内涵来看，一方面强调资产可用于其他用途的程度，另一方面是指被其他使用者重新利用的程度，主要表现为资产的可转换能力和可流动性，因而分别用“适用范围”和“流动价值”表述一级指标的两个变量。在二级指标的设定上，初步设计了一个包含 8 个指标项的测度体系，将其制作成调查问卷，根据适切度将各项指标分为“很高”“较高”“一般”“较低”“很低”5 个层次，而后邀请了 15 名经济学、管理学研究领域具有硕士以上学历、副教授以上专业技术职称的高校学者进行打分。第 1 轮专家打分后，根据平均值大于3分的选取标准保留了7项二级指标，在第2轮专家咨询中，则依据变异系数小于0.25的标准，剔除了变异系数大于0.25的2项二级指标，最终确定了大型体育场馆公共服务资产专用性测度的5项二级指标，如表3-2所示。

表3-2 大型体育场馆资产专用性测度体系

目标层	一级指标	二级指标	平均值	变异系数
大型体育场馆资产专用性	适用范围	硬件设施性能	3.6	0.2300
		多功能设计	4.6	0.1102
	流动价值	市场成熟度	3.2	0.2477
		地理区位	4.8	0.0723
		产权结构	3.7	0.2299

（1）适用范围，适用范围是指大型体育场馆用途的可转换能力，即除体育服务特定用途之外，可转为其他用途的程度。大型体育场馆一般是以体育竞赛场地为中心的合围式看台的体育建筑，主要是由竞技空间、看台空间与外围空间组成，大型体育场馆的转换能力涉及这三大空间的体育利用与非体育利用，因此大型体育场馆的适用范围主要与体育场馆硬件设施性能、体育场馆的多功能设计紧密相关。

大型体育场馆硬件设施性能主要是指大型体育场馆场地设施、商业设施、安全设施、环保设施、交通设施的先进程度和装备水平。如果各类硬件设施较为先进、完善，除符合体育赛事基本要求之外，还能满足多样化全民健身和其他非体育活动的配套设施需求，适用范围就较宽。如果各类硬件设施落后、老化严重，只能满足基本的体育赛事设施需求，适用范围就较窄。

大型体育场馆多功能设计是指大型体育场馆在功能规划中，除支持举办体育赛事功能之外，赛后可通过微调场馆部件支持其他体育功能和非体育功能的拓展程度。如果大型体育场馆功能设计单一，只能用作体育竞赛场地，适用范围就较窄。如果大型体育场馆能够多功能利用，兼顾体育赛事、群众健身、文艺演出和商贸开发等多维活动的开展，适用范围就较宽。

（2）流动价值，流动价值是指大型体育场馆的可流动性，即除政府之外能被市场、社会领域等其他可替代主体重新利用的程度。我国大型体育场馆大多是由政府或政府融资平台投资建设的公益性设施，公共体育服务治理责任主要是由政府承担，但并不意味必须由政府直接运营和生产，可以通过引入市场机制，由市场主体或社会主体参与大型体育场馆公共服务的生产和提供。因此，大型体育场馆的流动价值也就是指市场主体或社会主体能够进入大型体育场馆公共服务领域开展治理活动的参与程度，这与市场成熟度、大型体育场馆的地理区位和大型体育场馆的产权结构等显著相关。

市场成熟度是指大型体育场馆所处区域体育市场体系的发育程度，具体表现在体育产业体系完备程度、市场消费水平、市场从业机构的数量和能力等方面。如果某一大型体育场馆所处区域的体育市场体系完备，具备相当数量和运营技能强的体育场馆业从业机构，市场消费需求旺盛，市场机制就能够充分发挥作用，大型体育场馆的可流动性就强。如果体育产业市场体系不健全、相关业态缺乏融合性，而且缺乏足够数量的体育场馆业从业机构，市场需求不充分，大型体育场馆公共服务治理环节就难以引入足够能力的市场主体，其流动价值就低。

大型体育场馆地理区位是指大型体育场馆在区域分布、地理位置上呈现出的形态特征，这牵涉区域经济发展水平、城市总体规划、城市交通系统、人口密度和周边配套的协调程度。如果大型体育场馆具有突出的地理区位优势，位于发达城市中心地带，交通系统发达、快捷，区域人口密度大，周边配套健全，这就更加有利于大型体育场馆公共服务的市场开发，可流动性就更强。如果大型体育场馆地理区位不合理，位于经济欠发达地区且处于偏远郊区，交通路网基础设施建设不足，人口密度低，周边配套设施薄弱，这就限制了大型体育场馆公共服务的市场化程度，其流动价值较低。

大型体育场馆产权结构是指产权主体的构成及权利界定，“产权是一种通过社会强制而实现的对某种经济物品的多种用途进行选择的权利”①，一般包括所有权、使用权、收益权和让渡权等权利束，具有可分解性、排他性和可转让性。产权结构可分为一元化产权结构和多元化产权结构，一元化产权结构是指大型体育场馆的投资主体只有一个，所有权与经营权合一，可流动性较差。多元化产权结构是指投资主体的多元化，不同主体要根据权能进行分工，大多按照委托—代理模式运营管理，可流动性随着民间资本份额的增加而增加。

① ［英］约翰·伊特韦尔，默里·米尔盖特，皮特·纽曼．新帕尔格雷夫经济学大辞典［M］．北京：经济科学出版社，1996.

根据资产专用性理论，资产专用性程度的高低决定治理机制的选择，大型体育场馆的资产专用性可划分为高、中、低不同程度，当适用范围较宽、流动价值较强时，资产专用性程度低，意味着大型体育场馆公共服务治理可更多依赖市场机制；当适用范围较窄、流动价值较弱之时，资产专用性程度高，大型体育场馆公共服务需要更多依赖科层治理机制来保障供给。而处于这两端之间的资产专用性程度属于中间层次，适用范围和流动价值都处于中等水平，既无法充分地进行市场开发，也无须完全依靠政府，可以采取两者的混合治理以提供一种适应性。

3.1.3 因变量：大型体育场馆公共服务治理机制

威廉姆森从交易属性和组织效率的层面将治理机制分为市场治理、混合治理和科层治理三类，大型体育场馆公共服务治理行为本质上也是一种交易行为，公共服务治理机制是为保证公共服务交易行为有效实现而进行的一系列制度安排，相应地，将其分为政府治理、市场治理和协同治理三种。制度安排就是“经济单位之间的某种安排”①，涉及完成治理行为的主体单位、活动方式和效果，因此，为明确这三种治理机制的组织特性，本书从治理主体、治理结构和运行效率三个层面予以比较（见表3-3），治理主体是指安排和产生治理行为的参与主体，治理结构是指治理过程中协调或竞争的方式，运行效率则是指制度安排对结果所能产生的效用，可从行政控制、激励强度、自发适应和协调适应四个维度进行判定。

表3-3 大型体育场馆公共服务治理机制的区别点

区别点		治理机制		
		政府治理	市场治理	协同治理
	治理主体	政府	市场	多主体
	治理结构	科层	竞争	网络
运行效率	行政控制	强	弱	半强
	激励强度	弱	强	半强
	自发适应	弱	强	半强
	协调适应	强	弱	半强

① ［美］奥利弗·E. 威廉姆森. 治理机制［M］. 北京：机械工业出版社，2016.

3.1.3.1 政府治理

政府治理对应科层治理，是指以政府为单一治理主体，利用科层管理体制进行大型体育场馆公共服务治理活动的制度安排。政府投资建设大型体育场馆，采用行政命令和等级体系进行管理，以财政拨款的投入方式面向社会公众提供公共服务。政府是公共权力的代理者和公共资源的分配者，同时扮演资金投入者、服务安排者和服务生产者等多重角色，其以科层等级结构为组织体系，能够以较强的行政控制力保证大型体育场馆公共服务的提供。但是由于治理主体的单一性、提供方式的行政性，也带来了服务数量短缺、服务内容单一等效率低下问题。因此，大型体育场馆公共服务政府治理机制具有行政控制力和协调适应性强、激励能力弱等特性。

3.1.3.2 市场治理

市场治理是指由市场领域的企业或社会组织等按照市场竞争规则实现大型体育场馆公共服务的融资、生产和管理，大型体育场馆公共服务完全成为市场交易的产品，但又具有满足公共体育需求的属性。在这种机制中，政府以公共利益为最终目的，引入或授权市场主体带着营利目的进入公共服务领域，作为投资者或生产者的市场主体以利润最大化为目的，存在激烈的市场竞争，并通过使用者付费回收成本。这一机制充分利用市场的竞争性，具有较高的激励强度，但必须以一定的前提条件为运行基础，需要大型体育场馆公共服务具有经济和技术上的可行性，需要健全完备的市场准入规则和优惠政策体系，否则难以进行公益性和营利性的协调控制。

3.1.3.3 协同治理

协同治理对应于混合治理，混合治理实质上是利用资源共享和责任分担的合作形式以实现适应性和激励性相统一的一种制度安排，协同治理正是一种跨越政府、市场和社会边界的混合治理机制，来自不同领域的两个或多个主体通过正式或非正式的协议建立协作关系，在联动性的结构和合作性的网络中克服治理难题，从而高效地促进大型体育场馆公共服务的有效供给。与政府治理相比，协同治理强调通过权力共享整合市场组织和社会组织的资源，形成一种竞争互动的治理结构，虽然牺牲了一部分行政控制力但具有更大的激励强度。与市场治理不同的是，协同治理又注重通过政府部门之间的府际协同和跨越政府、市场和社会边界的跨界协同来促进公共服务的整体治理，虽然牺牲了一部分激励性但有利于各参与方之间的协调。因此，协同治理在运行效率上兼具政府治理和市场治理的特性，激励强度、行政控制力和协调性都处于半强状态。

3.1.4　资产专用性与大型体育场馆公共服务协同治理的因果关联

SSP 分析范式认为，制度结构的选择应基于物品的状态特性，大型体育场馆具有鲜明的资产专用性，鉴于威廉姆森的治理机制选择框架，大型体育场馆公共服务治理机制的选择应当契合相应程度的资产专用性，才能有效实现制度绩效，改善服务质量和效益。

3.1.4.1　大型体育场馆资产专用性与治理机制选择

正如康芒斯（1932）所言："活动的终极单位必须内在包含冲突性、相依性以及秩序性这三个原则，这一单位是交易。"公共服务的治理行为实质是一种交易行为，内含着主体、资源、利益的冲突性和相依性，治理机制正是考虑以怎样的方式将治理主体有效组织起来，使秩序得以实现，资产专用性则是确定不同治理机制的最重要最独特的依据。威廉姆森将市场治理、混合治理和科层治理来表征治理机制的三种连续性形式，对于大型体育场馆公共服务来说，市场治理、协同治理和政府治理即为治理机制的连续表现形态，因此，大型体育场馆资产专用性与治理机制的匹配关系如图 3－2 所示。不同治理机制在治理主体、结构和运行效率上存有差异，选择的宗旨在于"有效率适应和消除浪费"：①当大型体育场馆资产专用性程度处于 $k^* < \overline{k_1}$ 的低位水平时，采用市场治理能使治理成本最小化并取得自发的适应性；②当资产专用性程度处于 $k^* > \overline{k_2}$ 的高位水平时，市场治理存在较高的机会主义行为风险，政府治理则能达到一种内部协调；③当资产专用性程度位于 $\overline{k_1} < k^* < \overline{k_2}$ 的中间水平时，协同治理能有效降低治理成本，并同时取得协调性和激励性的统一。而且，中间水平资产专用性的范畴较为广阔，内部同样有程度差异，$X^1(k)$ 位于 $X^2(k)$ 的左边，这表示前者比后者的资产专用性程度要低，在协同治理机制的框架中，前者所采用的协同结构应比后者更具有市场性质，后者比前者更具有科层性质。

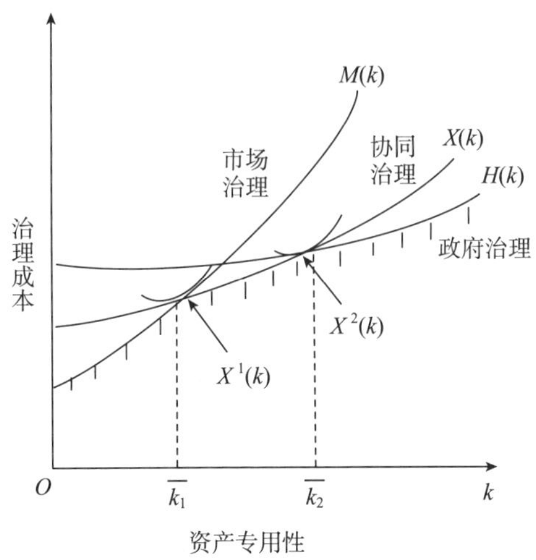

图 3-2 大型体育场馆资产专用性与治理机制的匹配

3.1.4.2 大型体育场馆公共服务协同治理的适用边界

资产专用性理论认为“资产专用性不仅引起复杂的事前激励反应，也引起了复杂的事后治理结构反应”①，资产专用性是确定治理机制的关键前因，当资产专用性程度处于中间范围时，介于市场治理与科层治理中间状态的混合治理所提供的混合适应更能有效克服机会主义行为，降低治理成本。此刻，依靠具有激励强度和自发适应能力的市场治理不能很好地处理来自协调的扰动，而具有较强协调适应能力和行政控制的科层治理又不具有激励强度，甚至会带来官僚成本的扭曲，因此，激励性、控制力和适应性都处于半强状态的混合治理是与中等程度的专用性资产相匹配的有效形式。

大型体育场馆公共服务协同治理正是政府和市场之间交换和协作的一种混合治理状态，即体现在政府与市场之间的混合行为上，彼此之间通过资源共享和优势互补实现协调性和激励性的统一，而这是与中间程度大型体育场馆资产专用性相适应的一种制度安排，是因为“对于某些交易来说，对各种扰动的必要适应既非主要是自主的，也不是双边的，而是要求两者的某种混合”②。政府治理会产生官僚成本，甚至会阻碍市场激励的强度，而市场治理所带来的自发性又具有较

①② ［美］奥利弗·E. 威廉姆森. 治理机制［M］. 北京：机械工业出版社，2016.

高的机会主义行为风险，兼具激励性和控制力的协同治理所提供的混合适应则有可能优于市场治理的自发适应和政府治理的协调适应，与政府治理相比，能够赋予治理行为更强的激励性，与市场治理相比，又能让治理主体置于更多的监督和协调之下。

3.2 中国大型体育场馆公共服务协同治理动因的历史检视

SSP分析范式认为物品特性决定了制度结构的选择，资产专用性理论进一步解释了治理机制以物品的资产专用性状态为依据才能实现治理成本最小化的内在逻辑，协同治理机制正是以我国大型体育场馆资产专用性现时状态为内在动因所应进行的制度选择。从长期的历史发展趋势来看，我国大型体育场馆资产专用性程度并不是一成不变的，而是随着不同历史时期的经济体制、政策取向和技术进步呈现出一种由高趋中的变化趋势，可粗略地将其分为高度资产专用性时期、资产专用性弱化时期和中度资产专用性时期，每一历史时期大型体育场馆资产专用性特征都要求特定的治理机制与之相匹配以实现良好的公共服务绩效，一旦资产专用性状态发生变化，原先的制度方案就会通过制度影响绩效的路径丧失治理的优势，从而需要调整制度方案以适应资产专用性的变化，当前我国大型体育场馆资产专用性正处于中间性的既定状态当中，协同治理正是对原有的政府治理和市场治理进行修正的一项现实选择（见图3-3）。

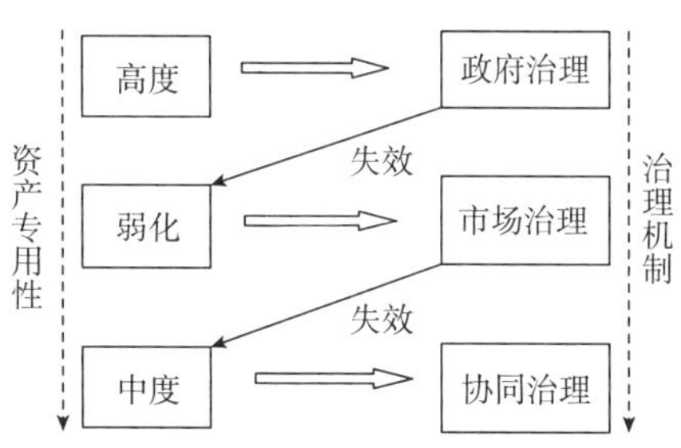

图3-3 中国大型体育场馆公共服务治理机制历史变迁

3.2.1 高度资产专用性下的传统政府治理（1949～1978 年）

1949 年 10 月，中国历史进入新纪元，我国逐步确立以生产资料公有制为基础的社会主义计划经济体制，1978 年 12 月党的十一届三中全会召开，揭开了改革开放的新序幕，正式由计划经济体制向社会主义市场经济体制转型。这一历史时期，我国大型体育场馆受到计划经济体制与国家集权导向的束缚，表现出高度的资产专用性，与之相适应的是采用以科层结构和行政控制为特性的政府治理机制予以规范大型体育场馆公共服务的生产和提供。

3.2.1.1 大型体育场馆的高度资产专用性

大型体育场馆资产专用性程度主要从适用范围和流动价值两项要素进行判定。在经历国家“一五”计划将群众运动作为体育工作发展重心的短期阶段之后，1959 年周恩来总理在《政府工作报告》中指出“在体育工作中，应当贯彻执行普及和提高相结合的方针，广泛发展群众性的体育运动，逐步提高我国的体育水平”，中国体育很快走向以提高竞技体育成绩为政府政策规划核心目标的发展机制。这一历史时期兴建的大型体育场馆在功能设计上绝大多数为运动训练和体育竞赛服务，也主要为专业比赛和专业队伍考虑，并未充分顾及普通公众的健身服务需求，缺乏群众体育锻炼配套服务设施，功能设计单一，赛后利用率低，适用范围相对较窄。例如，1969 年建成的浙江人民体育馆，除满足当时政治需要用于大型集会之外，在设计用途上侧重各项体育比赛需求，赛后的可持续发展和多功能利用在当时时代的条件下考虑较少，直至 2001 年政府投资 2000 多万元再行改建以满足多功能发展需求。

流动价值是指大型体育场馆公共服务通过市场机制引入多元主体参与治理的程度。中华人民共和国成立后，对旧的经济社会结构进行了一系列的改造重组，并开始制定指令性的经济计划对国民经济的发展和改造进行全面计划管理，计划经济体制逐步确立。计划经济体制是对产品生产、资源分配以及消费都由政府事先进行计划的经济体制，是一种指令型经济，绝大部分资源都由政府拥有。在这一体制下，不存在依靠市场机制进行资源配置的发展余地，市场主体和社会主体发育不全，政府是大型体育场馆公共服务的唯一治理主体，依靠科层管理模式和行政计划进行配置。虽然政府层面积极鼓励社会力量参与场馆设施建设，要求采取“国家投资和地方自筹、土洋结合、体育部门修建和各系统自建相结合的办法”①，投资主体表现为政府、学校和事业组织的多元参与，但是学校和事业组织的资金仍然来源于财政拨款，大型体育场馆公共服务的融资结构以政府财政为唯一渠道，大型体育场馆的产权性质基本为国有，因此，这一时期大型体育场馆公共服务的可流动性极弱。

3.2.1.2 大型体育场馆公共服务的传统政府治理

大型体育场馆的高度资产专用性决定了治理主体和治理结构要落脚于政府治理的科层框架。在计划经济体制下，我国体育事业作为国家发展规划的重要组成部分主要由政府集中管理，即设立权限集中、结构严密的行政机构，通过行政命令链条自上向下地对体育事业进行全面管理。1952 年，中央人民政府体育运动委员会成立并成为全国体育工作的主管部门，随后，各省、市、县也都建立了地方体委机构负责当地的体育工作。政府体系是体育资源最强有力的控制者和配置者，大型体育场馆公共服务的治理任务主要由政府统揽，一般采取事业单位管理模式，大型体育场馆作为事业单位隶属于当地体委，各级体委依靠行政指挥链条对大型体育场馆公共服务的供给数量和质量进行决策，统一负责人、财、物的配备和信息收集，大型体育场馆在获得财政资金拨付和行政指令后组织安排相应公共服务的生产和提供，在这一过程中，政府依靠行政控制手段全权负责大型体育场馆公共服务的筹资、生产和提供。

政府治理依靠科层体制和行政集权来负责大型体育场馆公共服务的治理任务，这一高度计划性和行政性的制度安排在当时积极地促进了大型体育场馆公共服务的有效提供，各地兴建了一批大型体育场馆设施，为我国体育事业发展夯实了基础。如表 3－4 所示，这一时期我国新建体育场馆共计 261 个，1949～1954 年我国大型体育场馆在国家红利下形成了一个建设热潮，1955～1960 年更是兴起建设高峰，平均每年新增体育场馆 15 座，是前一个周期年增长量的 2 倍。随后，由于“大跃进”运动及 3 年自然灾害时期，大型体育场馆增长率骤降。到了“文化大革命”期间，体育场馆的建设和运营基本处于停滞状态，1967～1972 年增长数量是历史最低的。1973 年，国家体委试行《国家体育锻炼标准》，1975 年

① 陈元欣，王健，刘聪．新中国成立以来我国体育场馆供给的历史回顾［J］．西安体育学院学报，2013，30（4）：411－418．

国务院下发《国家体育锻炼标准条例》，在相关政策的推动下，1973～1978 年的我国体育场馆建设逐步恢复常规状态。

表 3-4　大型体育场馆建设情况①　　单位：个

年份	体育场	体育馆	合计
1949～1954	20	5	25
1955～1960	50	43	93
1961～1966	17	11	28
1967～1972	11	13	24
1973～1978	50	41	91

这一时期大型体育场馆公共服务呈现出规模大、集聚性强的特点。北京、上海、天津、重庆以及各省会城市基本都建了规模较大的体育场或体育馆，诸如北京工人体育场、山西省体育场、天津人民体育馆、重庆市体育场、南京五台山体育场等，体育场大多能容纳万人以上，体育馆至少容纳数千人，1959 年兴建的北京工人体育场馆即能容纳 8 万人，1968 年建成的首都体育馆设有 18000 人席位。而且由于中华人民共和国成立后国民经济处于恢复阶段，国家财力有限，加之 3 年自然灾害和“大跃进”运动影响，大型体育场馆建设经费主要投入在一些重点城市和省会城市，使大型体育场馆集中分布在经济社会发展程度较高的少数中心城市，北京、上海、广州等地的场馆数量是其他省市场馆数量的 2 倍之多。新建的大型体育场馆大多位于城市中心地带，以北京市为例，此阶段建成的北京体育馆、北京工人体育场、北京工人体育馆和首都体育馆等都分布在人口密度、资源要素较为密集的崇文区、朝阳区、海淀区等城市中心区域。

高度的资产专用性使得大型体育场馆公共服务具有较强的“锁定”效应，此时依靠政府科层体系负责公共服务的生产和提供，在降低治理成本的同时能获取更佳的配置效率，在当时经济社会发展程度较低、国家财力有限的时代背景下发挥了积极作用，为体育运动的开展和竞技体育的勃兴提供了发展条件，政府治理成为一种客观必然和历史必要。但是，随着改革开放后我国经济体制转型、行

① 中国体育年鉴编辑委员会. 中国体育年鉴（1979）[M]. 北京：人民体育出版社，1981.

政体制变革和科学技术的进步，大型体育场馆的资产专用性程度逐步发生变化，这一原始机制所呈现的不可治理性日益明显：一是大型体育场馆主要服务于竞技体育和国家利益，公共服务职能不突出；二是场馆资源高度集中在少数发达城市的中心地带，公共服务供给不均衡，这些在客观上要求一种新的机制安排与之相适应。

3.2.2　资产专用性弱化中的治理市场化（1979～2008年）

十一届三中全会之后，党和政府确立了将工作重心转移到社会主义现代化建设的重大战略，我国经济体制进入由计划经济体制向社会主义市场经济体制转型的新时期。体育领域随之进行变革，要求转变计划经济体制下单纯依靠政府行政手段进行体育资源配置的方式，提倡通过体育社会化和市场化改革，建立与社会主义市场经济体制相适应，有自我发展活力的体育发展体制。大型体育场馆的适用范围和流动价值随着我国经济体制和权力结构的变革发生改变，资产专用性程度呈现弱化的趋势，大型体育场馆公共服务也不再完全依赖高度一体化的政府治理机制，逐步走向市场化的治理格局。

3.2.2.1　大型体育场馆资产专用性程度的弱化

改革开放后，我国大型体育场馆的可转换能力和可流动性得到提升，资产专用性程度相较于之前的历史时期大为减弱，表现在适用范围的拓宽和流动价值的增强两个层面。

（1）适用范围的拓宽。随着我国经济水平的增强和科学技术的进步，相较于改革开放之前，这一时期大型体育场馆在适用范围上不仅满足于服务大型体育赛事，在硬件设施性能和场馆功能规划上更加注重赛后的多功能利用，比如通过使用开合式屋顶、可升降竞赛平台、升降地面、活动隔断与活动座椅等，在建筑设计上使场馆功能更具兼容性，以利于形成体育竞赛、文艺演出、健身娱乐、集会展览于一体的多功能场地。以广州天河体育中心为例，始建于1987年，是第六届全运会的主赛场，主体建筑由体育场、体育馆和游泳馆组成，现今成为广州市地标建筑和商业中心。建筑设计上，体育场采用马鞍型设计，看台底部设计成6层楼房，田径足球场可容纳6万名观众，体育馆呈六角形，观众席由固定看台与活动看台组成，设有8628个观众座位，游泳馆环形走廊可做展览大厅，观众席位 3200 多个。第六届全运会后，体育中心相继兴建了棒球场、网球场、保龄球馆、门球场、室内卡丁车场、露天游泳池等竞赛及群体活动场馆，1995 年体育中心率先实行全面开放，修建了全国第一条健身路径，并增建了树林舞场、露天羽毛球场、乒乓球活动区、儿童活动区、健身小区、篮球俱乐部等各种群体设施，成为既可举办各种体育赛事，又可开展全民健身活动，集健身、娱乐、休闲和展示于一体的大型多功能综合性活动场所。除此之外，21 世纪初期新建的大型体育场馆，如南京奥体中心、贺龙体育中心、武汉体育中心等都因为在设计规划阶段即注重赛后的多功能开发，使场馆适用范围得到拓宽，得以实现体育竞技与全民健身、体育服务与商业开发并行的多用途转换。

（2）流动价值的增强。大型体育场馆的流动价值与市场成熟度、地理区位和产权结构相关。1993 年，《国家体委关于深化体育改革的意见》中强调“改变原来在计划经济体制下单纯依赖国家和主要依靠行政手段办体育的高度集中的体育体制”，此后公共服务资源配置的权力格局得到开放，企业主体的市场地位、社会主体的独立性和公民个体的参与权利不断得到确认，并逐步参与到大型体育场馆公共服务治理领域当中。而且，随着社会主义市场经济体制的确立，市场在资源配置中的基础地位得到肯定，我国体育市场体系日趋成熟，人均收入和消费水平大幅提升，体育市场从业机构日益增加，如我国人均国民收入由 1978 年的 190 美元上升至 2007 年的 2360 美元，城镇居民人均消费水平从 1978 年的 405 元上升至 2008 年的 13526 元，2007 年我国具有独立法人形态的体育场馆业从业机构为 583 家，体育市场体系的完备使得大型体育场馆拥有更广阔的流动空间。

大型体育场馆地理区位的科学化和合理化，意味着大型体育场馆在空间分布上与人口密度、消费能力、交通条件、配套设施等更具契合性，且从而更加有利于大型体育场馆公共服务的市场开发。这一时期新建的大型体育场馆在地理区位上呈现出集中与分散相结合的特征：一方面，大型体育场馆仍然集中在大型城市和省会城市，尤以东部发达地区为主，北京、上海、广州是大型体育场馆占有率最高的城市；另一方面，大型体育场馆在城市位置选址上逐步由中心城区向城市郊区转移，1990 年北京亚运会规划使用 33 个体育场馆，新建 25 个场馆，其中有 15 个分布在三环之外，2005 年江苏十运会新建 13 个比赛场馆，大部分分布在城市郊区。集中与分散相结合的地理区位在满足赛事组织与管理需求的同时，能够减缓因场馆过分集中带来的主体参与空间不足的问题，通过拓展城市空间、增值土地价值和合理布局场馆资源为市场开发提供可能性。

这一历史时期，政府财政投入不再是大型体育场馆建设和运营的唯一资金来源渠道，政府在体育场馆投融资环节积极采用志愿捐赠、土地置换、土地配套开发、股份融资、债券融资、公私合作等方式吸引社会资本参与投资和运营，多元化的融资渠道使大型体育场馆的产权结构更趋多元化。上海8万人体育场、广州体育馆、英东游泳馆、南通体育馆、国家体育场等都是多元化融资的场馆，这些场馆建成投入使用后，更容易引入市场主体采取市场模式参与运营。

3.2.2.2　大型体育场馆公共服务治理的市场化

我国大型体育场馆由于历史变迁和国家发展，其在设施性能、功能设计、市场体系、地理区位以及产权结构等方面都发生了变化，致使资产专用性从一种高度的状态逐步减弱，意味着不能完全依赖高度一体化的政府治理来保证配置效率，这一时期治理框架由之前的"体育行政系统单一负责"逐步转向"国家办和社会办相结合"的市场化治理格局。政府不再直接统包统揽大型体育场馆公共服务的微观管理，而是致力于把大型体育场馆转为企业，并遵照市场运作规则安排大型体育场馆公共服务的生产活动，具有明显的市场化特点。

（1）大型体育场馆公共服务的市场化治理初步呈现（1978~1991年）。改革开放初期，党和政府高度重视体育场馆设施建设，要求逐步增加体育事业经费和基建投资，并且纳入各级政府的国民经济和社会发展计划。1984年10月，中共中央在《关于进一步发展体育运动的通知》中强调体育场馆要讲究经济效益，积极创造条件实行多种经营。1986年国家体委制定的《关于体育体制改革的决定（草案）》中明确指出要从国家包办体育向国家办与社会办相结合。在经济体制转型的大背景下，我国大型体育场馆公共服务治理的市场化改革逐步呈现，各地体育场馆建设步伐加快。据国家体委统计，截止到1987年，全国拥有各类体育场地523130个，体育系统仅占总数的2.7%，其余97.3%的体育场地都是由社会各系统投资兴建①。

（2）社会主义市场经济体制下大型体育场馆公共服务市场化治理的推进（1992~2000年）。1992年党的十四大明确提出我国经济体制改革的目标是"建立和完善社会主义市场经济体制"，为建立与之相适应的体育场馆治理机制，

① 陈元欣，王健，刘聪．新中国成立以来我国体育场馆供给的历史回顾［J］．西安体育学院学报，2013，30（4）：411-418.

1993年国家体委《关于深化体育改革的意见》中指出大多数公共体育场馆、训练场馆等事业单位要由福利型、公益型和事业型向经营型转变，有条件的可办成经济实体，实行企业化经营。1995年，国家体委发布《奥运争光计划纲要》(1994~2000)，在“竞技优先”的目标导向下，全国各省市以“建成能够承办全运会和国际比赛的体育设施”为契机新建和改建了一大批大型体育场馆，各地积极引入社会机构和民间资本参与大型体育场馆的投资和建设，大型体育场馆公共服务治理的市场化和社会化得到进一步推进。上海、广州、南京、武汉等大型城市和省会城市皆在筹办全运会、城运会期间投入巨资新建大型体育场馆设施，上海市在筹备八运会的过程中，通过多种融资渠道筹资56亿元用于体育场馆修建，代表性场馆还有山东体育中心、龙江体育馆、贺龙体育中心等（见表3－5）。截止到1995年，我国拥有体育场地615693个，体委系统有14410个，仅占场地总数的2.34%，教育系统有413583个，占场地总数的67.17%，其他系统占30.49%[①]。

表3－5　1978~2008年主要大型体育赛事场馆

大型体育赛事	年份	主办地	体育设施建设投入（亿元）	代表性场馆
奥运会	2008	北京	170	国家体育场、五棵松体育馆
亚运会	1990	北京	25	英东游泳馆、光彩体育馆
全运会	1987	广东	5.5	广州天河体育中心
	1997	上海	56	上海体育场、卢湾体育馆
	2001	广东	35	广东奥林匹克体育中心
	2005	江苏	50	南京奥林匹克体育中心
城运会	1988	济南	0.7	山东体育中心
	1995	南京	2	五台山游泳跳水馆、龙江体育馆
	1999	西安	3	陕西省体育场
	2003	长沙	30	贺龙体育中心
	2007	武汉	20	武汉体育中心

① 第四次全国体育场地普查有关数据［J］. 体育文史，1997（4）：64.

（3）大型体育场馆公共服务市场化治理的深化发展（2001～2008年）。2001年7月北京奥运会申办成功，而后举全国之力备战奥运会，以北京奥运会场馆项目法人招标为标志，我国大型体育场馆公共服务的市场化治理进入深化发展时期。2002年10月，时任北京奥组委工程部副部长刘志宣布2008年奥运会比赛场馆及相关设施全面采用国际招投标方式进行，国家体育场、国家游泳中心、国家体育馆、五棵松文化体育中心、顺义区奥林匹克水上公园、北京乡村赛马场等都通过政府引导、市场化运作进行项目建设和运营，自此PPP、BOT等市场化治理方式在我国大型体育场馆公共服务中广泛采用。截止到2003年，全国体育场地85万个，体育系统占比2.2%，教育及其他系统占比97.8%，体育系统场地数量占比进一步下降（见表3－6）。体育场地建设资金历年累计投入达191.5亿元，财政拨款为667.7亿元，占投资总额的34.9%①。

表3－6　弱化时期各系统体育场地发展情况　　单位：%

年份	体育系统	教育系统	其他系统
1988	2.7	97.3	
1995	2.34	67.17	30.49
2003	2.2	65.6	32.2

改革开放后的30年，随着我国经济体制和体育发展方式的重大战略转型，大型体育场馆资产专用性程度的弱化要求治理机制的市场化和社会化与之相适应，市场运作方式所具有的灵活性和激励性确实在一定程度上对大型体育场馆公共服务供给效率的提升具有促进作用。但是，我国绝大多数大型体育场馆为国有场馆，主体功能仍是为大型体育赛事服务，依然具有较强的资产专用性，市场化治理导致大型体育场馆在公益性上和经营性上往往难以平衡，经常出现过于注重经济效益带来的市场化过度问题，或是关注社会效益而忽视了经济效率，这就对政府部门如何建构与市场主体和社会主体的协作关系提出了新的挑战，我国大型体育场馆公共服务治理需要协调性和激励性更为统一的机制设计。

① 国家体育总局．第五次全国体育场地普查数据公报［EB/OL］．http：//www.sport.gov.cn/n16/n1167/n2768/n32454/134749.html，2005－02－18/2016－10－12.

3.2.3 中度资产专用性下的协同治理选择（2009年至今）

我国大型体育场馆公共服务随着适用范围的拓宽和流动价值的增加，现时的资产专用性程度相较于改革开放之前大为减弱，但是，由于我国体育发展体制的约束和大型体育场馆的属性定位，绝大多数大型体育场馆难以成为低度资产专用性的通用性资产，因此大型体育场馆的资产专用性大多落在中间程度的区位内，这一物品状态对大型体育场馆公共服务协同治理产生了迫切需求。

3.2.3.1 大型体育场馆资产专用性的中间性

我国大型体育场馆资产专用性程度的弱化并不意味着完全变成通用性资产，其在适用范围和流动价值上仍是有限度的，属于中间程度的专用性资产。改革开放后，我国大型体育场馆的适用范围虽然可作体育利用和非体育利用，但体育利用是其主体功能，仍然主要为竞技体育赛事和全民健身服务。北京奥运会后各地相继新建和改建了一批大型体育场馆用于举办大型体育赛事，诸如2010年广州亚运会新建12个场馆，2011年深圳大运会新建22个场馆，截止到2013年底，我国大型体育场馆合计1093个，这些大型体育场馆赛后通过硬件设施的局部改造和配套设施的整合开发，大多集体育竞赛、文艺演出、健身娱乐、集会展览等多功能于一体，但从大型体育场馆承担活动的内容和比例来看，主办体育赛事仍是其主要用途，根据第六次体育场地普查数据显示，2013年我国大型体育场馆承担的活动次数共计35365次，其中，体育赛事活动11353次，占比32.1%；文化演艺活动3957次，占比11.2%；会展活动2824次，占比8%；公益活动6614次，占比18.7%；其他活动10617次，占比30%[①]。而且，我国大型体育场馆绝大部分为国有资产，提供公共体育服务是其基本职能，2013年底我国大型体育场馆的开放率达到87.65%，体育系统场地开放率达到98.6%，2014年中央财政共安排8.5亿元专项资金用于补助体育系统1265个大型体育场馆的免费和低收费开放。

大型体育场馆的可流动性也是有限的，虽然不再是由政府单一主体负责生产

① 国家体育总局体育经济司．第六次体育场地普查数据汇编［EB/OL］. http：//www.sport.gov.cn/pucha/index.html，2016－10－13.

和提供，表现出治理的市场化和社会化，但是由于我国经济社会发展水平的限制以及大型体育场馆所具有的准公共物品属性，决定了不可能完全脱离政府走向市场化。首先，我国目前公民收入水平和体育消费能力离世界发达水平存在一定差距，这就限制了市场利用的空间。我国经济历经30年的迅速增长，成为继美国之后的世界第二大经济体，但从我国人均可支配收入和体育消费水平看，2015年我国居民人均可支配收入仅为21966元，换算成美元为3600美元左右，大概相当于美国人均可支配收入的1/10左右，我国人均体育消费也只相当于全球平均水平的1/10，公民收入水平和体育消费能力不足，市场需求和利润空间就小，一定程度上削弱了大型体育场馆的可流动性。其次，美国、英国等西方发达国家依托成熟、健全的职业体育，大型体育场馆大多作为职业俱乐部的比赛场地得到充分的市场开发，而我国体育产业链不健全，职业化、市场化程度不高，单从体育场馆业从业机构来看，2013年我国具有独立法人形态的体育场馆业从业机构为680家（15省市），执行行政事业会计制度的占88%，执行企业会计制度的仅占12%①，体育市场竞争不充分，大型体育场馆公共服务治理环节欠缺足够成熟的体育市场运营环境。最后，我国大型体育场馆虽然在融资结构和运营模式上日益多元化，但从主体成分来看，财政拨款仍是大型体育场馆的主要资金来源，占到81.45%，绝大部分大型体育场馆采用事业单位运营模式，2013年全国1093个大型体育场馆中，采用合作运营和委托运营的场馆仅为109个②，这些都表明我国大型体育场馆的可流动性受到锁定。

3.2.3.2 大型体育场馆公共服务的治理失效

中间状态的资产专用性要求具有混合适应特征的大型体育场馆公共服务协同治理与之相匹配。然而，由于我国现行治理框架尚未建构起与之相适应的制度安排，更多停留在政府治理和市场治理的路径依赖之上，致使大型体育场馆公共服务呈现效率低下和资源浪费的失效状况，突出表现在治理主体协同不力、服务结构失衡和价值导向相悖三方面。

（1）治理主体协同不力。我国大型体育场馆公共服务在市场化和社会化改革之下，已经呈现政府、市场和社会主体的多中心治理格局，但是不同治理主体

① 国家体育总局．中国体育及相关产业统计［M］．北京：人民体育出版社，2011.

② 国家体育总局体育经济司．第六次体育场地普查数据汇编［EB/OL］．http：//www.sport.gov.cn/pucha/index.html，2016－10－13.

之间经常因为缺乏信任、利益冲突、制度壁垒、额外成本等因素协同不力、彼此割裂，导致大型体育场馆公共服务重复供给、效率低下。

首先，政府职能部门各自为政、现代政府管理体制以职能分工为基础形成组织的各职能部门以适应专业化分工的需求，但是这种强调职能区分的组织设计也会造成组织系统内部的部门隔阂和条块分割，使相关职能部门在解决共同的社会问题时，由于部门之间的目标和资源难以整合，从而各自为政、相互掣肘，无法实现整体的政策目标。大型体育场馆作为专用性较强的大型公用体育设施，公共体育服务功能的发挥往往需要各级体育、教育、发展改革、公安、财政、国土资源、住房和城乡建设、税务、工商、价格等多部门的密切配合和协调共治才能取得成效，然而，由于各部门之间目标和利益的冲突往往使治理效果大打折扣。以学校体育场馆对外开放为例，我国教育系统所管理的体育场馆达到 66.05 万个，面积占全国体育场馆总面积的 53.01%，如果学校体育场馆能够向社会开放就能大大缓解公共体育服务需求与场地供给不足的矛盾，但是，由于相关主管部门欠缺协同，多数学校体育场馆开放水平较低。例如，笔者曾经调研发现南昌市学校体育设施对外开放率仅为 33%，制约因素之首就在于欠缺政府的政策支持和配套措施，北京青年报曾经专门调查 14 所北京地区的高校，发现过半数学校的体育场馆因为安全和管理风险会通过安装门禁、限时限域，甚至收费等措施限制对外开放①。

其次，社会力量参与不足。当前，我国整体权力结构依然是强政府—弱社会状态，政府在大型体育场馆公共服务治理过程中始终占据主导地位，政府财政拨款提供资金支持，以政策形式规定公共服务内容，使一部分大型体育场馆完全依赖财政扶持和行政保护维持生存，市场和社会主体的作用并未得到有效发挥。一是政府对社会力量的治理优势不够重视，倚重固有的一套行政干预手段，未能提供有效的制度平台和协同渠道吸纳社会力量的参与，例如，大部分事业型体育场馆，由于人事制度、薪酬制度、预算制度等限制，仍然按照传统事业单位管理模式生产和提供公共服务，即使采取事业建制、企业化管理模式，政府也会通过行政手段干涉经营。二是社会力量自身能力不足，我国体育场馆业具有自主品牌、创新能力和竞争优势的骨干企业较少，而且大多为国有背景。体育社会组织独立

① 刘旭，雷嘉，李梦婷等．北京 14 所高校过半数体育场馆设开放门槛：有的跑步一次十元［N］．北京青年报，2016－08－29.

性差、公共服务能力不强，2013 年民政部曾对 1789 个全国性社团组织能力进行调查，结果显示我国体育社会组织公共服务能力倒数第一。三是缺乏公众参与，我国大型体育场馆公共服务尚未建立起畅通有力的公众需求表达机制，公众缺乏经常性和全程性的诉求渠道，通常只能作为公共服务的被动接受者和消费者，笔者曾经对中部省份某一县域调研显示 65% 的公众没有参与过任何公共服务决策活动和意见反馈，40% 的公众认为没有有效的参与渠道。

最后，多元主体相互掣肘。在大型体育场馆公共服务治理过程中，政府、市场与社会组织出于自身利益最大化，“地盘战”不断上演，表现转嫁责任、项目冲突、重复建设、相互拆台等。例如，时下国家正在大力推进的政府向社会力量购买公共服务模式，在地方实践中经常由于缺乏具体操作细则或是资金补偿不足束缚社会力量的参与，深圳体育中心转制后政府购买公共服务的费用就一直未落实到位。再如，长沙贺龙体育馆，它是湖南省标志性的公共体育设施，2006 年为盘活场馆闲置资源和增加经营创收，将主馆租赁给湖南琴岛文化娱乐传播有限公司，租赁期间不断出现所有方、管理方和运营方的利益冲突，原因就在于商业公司租赁后专门开展娱乐演出活动，原本应用于全民健身的公共设施变成商业演艺中心，而体育馆每年只能获得 300 多万元的场地租金，从而引起场馆管理方和公众的不满，甚至要求终止合同。

（2）服务结构失衡。社会公众能够全面性、公平性和回应性地接受公共体育服务是公共治理的核心价值，但是，由于传统治理框架与现时大型体育场馆资产专用性程度的不相吻合，不同区域、不同层次、不同类型大型体育场馆公共服务治理过程中表现出服务结构的失衡。

首先，服务区域结构的失衡，大型体育场馆体量大、建设维护费用高，公共服务供给水平和质量受当地经济发展水平和政府财政能力影响较大，我国东部地区经济发展程度较高，市场竞争和制度创新活跃，地方政府财政投入充足，而中、西部等欠发达地区经济发展较为落后，体育市场不发达，政府财力和公共资源有限，这就使大型体育场馆公共服务供给效益表现出东部地区高于中部、西部和东北地区的区域失衡（见表 3－7）。从大型体育场馆区域分布来看，大型体育场馆大部分集中在东部经济发达地区，全国 1093 个大型体育场馆中分布于东部地区的场馆数量占比 39.4%，中部地区占 24.5%，西部地区占 28%，东北地区占 8%。而从大型体育场馆承担活动来看，东部地区场馆举办体育赛事、文艺演出、公益活动的数量也明显高于中部、西部地区的场馆。以具体省份为例，东部省份广东省全省共计拥有96个大型体育场馆，为促进大型体育场馆对外开放，2016年中央财政补贴广东省1800万元，省级体育彩票公益金投入9000万元，两项合计1.08亿元用于补贴场馆开放。西部省份宁夏仅有5座大型体育场馆，2016年宁夏回族自治区政府投入3000万元用于补贴场馆开放，宁夏体育馆甚至曾因经费问题停止免费提供公共体育服务。

表3-7　大型体育场馆公共服务区域分布①

区域	分布数量（次）	占比（%）	体育赛事活动数量（次）	占比（%）	文化演艺活动数量（次）	占比（%）	公益活动数量（次）	占比（%）
东部	431	39.4	4250	37.4	1959	49.5	2693	40.7
中部	268	24.5	2315	20.4	840	21.2	1321	20
西部	306	28	3617	31.9	978	24.7	2300	34.8
东北	88	8	1171	10.3	180	4.5	300	4.5
合计	1093		11353		3957		6614	

其次，服务层级结构的失衡，由于各级政府财政投入水平的不平衡，我国不同层级大型体育场馆公共服务供给水平表现出中央、省市级场馆高于县级及以下级别场馆。从我国体育场馆所属层级分布状况来看（见表3-8），中央级场地占比0.76%，省级场地占比3.2%，地市级场地占比5%，其余皆为县级及以下级别场地，约占全国体育场地总量的91%，绝大部分体育场地由县级拥有，但县级及以下体育场地年平均收入仅3.55万元，地市级场地收入为8.43万元，不足地市级场地收入的一半。再以江苏省部分大型体育场馆对外开放为例（见表3-9），2015年江苏省省级体育场馆免费对外开放成本支出都在100万元以上，市级体育场馆在20万~80万元，而县级体育场馆则在10万元以下。

① 此表根据国家体育总局第六次体育场地普查数据计算所得，东部包括北京、天津、河北、上海、江苏、浙江、福建、山东、广东和海南；中部包括山西、安徽、江西、河南、湖北和湖南；西部包括内蒙古、广西、重庆、四川、贵州、云南、西藏、陕西、甘肃、青海、宁夏和新疆；东北包括辽宁、吉林和黑龙江。

表3-8 大型体育场馆层级分布①

	数量占比（%）	年均收入（万元）	年均支出（万元）
中央级	0.76	7.5	7.11
省级	3.2	6.96	6.81
地市级	5	8.43	8.33
县级及以下	91.04	3.55	3.67

表3-9 江苏省部分大型体育场馆免费低收费开放情况②

场馆级别	大型体育场馆名称	座位数（个）	收入合计（万元）	支出合计（万元）	免费开放成本支出（万元）
省级	江苏省五台山体育中心体育馆	10000	2014.0	1393.0	204.56
	江苏省五台山体育中心体育场	22000	461.0	378.0	138.46
市级	镇江市体育会展中心体育场	31545	1816.84	1758.16	80.13
	常熟市体育中心体育馆	6000	221.0	281.0	55.0
	无锡市体育馆	7233	2038.0	1704.0	46.6
	宜兴市体育中心体育场	20000	258.0	135.0	22.0
县级	建湖县体育中心体育场	20365	89.7	94.2	10.0
	沛县体育馆	4649	136.0	135.62	9.6
	沭阳县体育场	20000	114.0	160.0	6.0
	沭阳县体育馆	6000	120.0	110.0	6.0

最后，服务内容结构的失衡，大型体育场馆公共服务按照公益性水平可分为基本公共服务和非基本公共服务，当前我国大型体育场馆公共服务在供给内容结构上表现为基本公共服务浅层化、非基本公共服务参差不齐的状况。在基本公共服务层面，大多局限在户外体育场地和健身设施的对外开放，体育健身指导和国民体质监测等服务内容免费供给不足；以大型活动为代表的非基本公共服务比重较低，2014年，21.2%的大型体育场馆年举办大型活动在40次以上，48.5%的场馆年举办大型活动次数在20次以下③，2013年我国大型体育场馆承担文化演

① 此表根据国家体育总局第六次体育场地普查数据计算所得。

② 表格根据江苏省体育局公示的2016年江苏省公共体育场馆免费低收费开放情况编制。

③ 陈元欣，王健．大型体育场（馆）运营管理企业化改革研究［J］．体育科学，2015，35（10）：17－24.

艺活动和会展活动合计占比19.2%，在这一服务类别中，企业化运营的大型体育场馆所提供的非基本公共服务数量要多于事业型大型体育场馆。

（3）价值导向相悖。大型体育场馆公共服务是对公共体育需求的一种回应，治理机制在于有效配置资源以保证公共需求的满足，但是由于对资源配置机制的不合理应用，导致治理价值偏离了公众需求，表现出市场化过度和市场化不足并存的悖象。改革开放以来，在以市场化为取向的改革潮流下，体育行政主管部门大力推进大型体育场馆公共服务的市场化治理，大量社会资本和民营机构进入大型体育场馆公共服务领域，完全按照商业原则配置公共资源，造成公共服务的过度市场化：一是大型体育场馆服务价格过高，免费和低收费项目大多限制在户外公共区域和户外场地健身设施开放，而诸如网球、游泳等室内热门项目以及高级别体育赛事和竞赛表演等大型活动仍然收取较高的费用。二是餐饮、娱乐休闲等非体育本体业务过度侵占大型体育场馆服务空间，由于完全按照市场机制运营，使得各项商业活动成为场馆主要经营项目，体育本体功能反遭侵蚀，如海口体育馆、长春市体育中心都因商业化过重饱受公众质疑。三是经营创收为场馆主要经费来源，研究显示由于财政补助大型体育场馆免费和低收费公共体育服务项目的经费难以及时到位以及补助金额难以支撑大型场馆高额的维修和运营费用，大型体育场馆仍然需要通过商业性创收增加收入来源。以江阴体育中心为例，2014年运营成本高达2600万元，同年获得105万元政府补助，仅占总运营成本的4%。浙江黄龙体育中心2015年实现全年经营收入上亿元，其中体育赛事、体育培训等收入达4241.3万元，场馆出租收入达到6376.53万元。

与此同时，由于地理区位与功能设计的限制或是政府传统治理思维的禁锢，一部分大型体育场馆未能与市场有效结合，导致大型体育场馆公共服务存在市场化不足的现象：一是经营水平低，收入来源主要依靠财政拨款和场馆租赁。国家体育总局第六次体育场地普查数据显示2013年大型体育场馆运营总收入约为30.58亿元，总支出约为36.36亿元，平均每个场馆收入为279.74万元，支出为332.64万元，入不敷出。二是面向社会单方提供低层次、单一化的公共体育服务，调查显示当前大型体育场馆公共服务主要涉及场地设施服务，体育技能培训、大型文体活动等公共服务较为稀缺且为高收费项目，大部分场馆无法根据顾客需求提供个性化服务，供给同质化严重。三是市场化工具应用不足，我国大型体育场馆主要依靠政府下拨的财政补助提供免费和低收费公共体育服务项目，补助范围大多限定为体育系统内大型体育场馆，政府购买、凭单制、委托经营等市场化政策工具并未广泛采用。

3.2.3.3 大型体育场馆公共服务协同治理的现实选择

当前我国大型体育场馆公共服务的绩效困境，究其成因在于现行治理框架未对现时大型体育场馆资产专用性的中间状态进行有效回应，仍然停留在对传统政府治理和治理市场化的路径依赖之上，解决方案就是要消解这一矛盾，建立多元主体协同治理机制，以此实现市场激励和行政控制的有机统一。

（1）修正政府治理的路径依赖。诺斯认为，制度变迁如同技术演变一样，“同样存在着报酬递增和自我强化机制，这种机制使制度变迁一旦进入某一路径，它的既定方向会在往后发展中不断得到自我强化”①，从而可能锁定在某种特定路径当中，这就是制度变迁中的“路径依赖”。我国在长达几十年的计划经济体制和竞技体育举国体制下，大型体育场馆公共服务政府治理这一制度框架在长期的运行过程中存在报酬递增和自我强化机制，从而形成一种路径依赖。

首先，我国大型体育场馆公共服务在长期的政府统揽框架下，已经形成庞大的行政组织体系和一套行之有序的运行方式，既有机制的网络外部性和学习效应使之具有一定程度的规模效应，从而政府利用行政干预手段治理大型体育场馆公共服务在效率方面具有先占优势。而且在当前我国职业体育发展迟缓、体育市场竞争不充分的制度环境下，具有较强资产专用性程度的大型体育场馆企图引入市场或社会运营机构进行市场化运营所耗费的机会成本和交易成本要高于本身所带来的收益，这就是中部、西部等经济落后地区的拨款型事业场馆在公共服务供给效益上往往优于完全自收自支场馆和企业场馆的原因所在。

其次，我国大型体育场馆公共服务在关键的人事制度、薪酬制度和管理机制改革上面临着既得利益的约束，一是计划经济体制下所施行的政府治理是由政府统一安排，划拨财政资金并依靠隶属于各级体育行政部门的事业单位具体负责大型体育场馆公共服务的生产和提供，事业单位归属下的大型体育场馆一方面获得政府财政保障和行政保护，另一方面又能投入市场增加经营创收，成为这种制度安排的既得利益者，一旦改变这种安排，就会造成既得利益的损失，从而阻碍重重。二是政府对场馆经营事务的放权不足，虽然政策层面积极鼓励大型体育场馆的市场化改革，要求政府部门简政放权，实现场馆所有权和经营权的分离，但是

① 吴敬琏．路径依赖与中国改革［J］．改革，1995（3）：57－59.

在转制改革中，两权分离并不清晰，尤其是相当一部分资产专用性程度较高、经营性较差的体育场馆，体育主管部门对其场馆运营仍然进行直接管理或是较多干预，场馆运营单位筹划举办的大型活动和公益服务依旧需要行政主管部门的许可，甚至在场馆的委托运营中出现“寻租”和腐败行为。

最后，人们对一套长期执行的行为规则的认可会内化为一种文化信念从而在制度变迁中产生制约作用，这叫作非正式文化约束和适应性预期。我国在几千年的官僚政治和计划经济时期全能政府体制的自然延伸下，政府中心主义在经济社会发展中的主导地位根深蒂固。大型体育场馆作为我国体育事业发展的物质基础设施，长期以来一直由政府负责投资建设运营，并在举国体制的支撑下，对竞技体育的辉煌发展功不可没，体育主管部门、场馆单位以及社会公众对政府在大型体育场馆公共服务治理中的中心地位形成一种文化认知，并基于历史效用对这一制度框架在未来产生适应性预期。因此，即使随着社会主体和市场力量的逐渐增强，多中心治理格局已然形成，但受传统治理文化和历史经验的约束，相关主体对大型体育场馆公共服务治理的外部参与存在认同障碍，治理方式上习惯于政府治理，进而表现为社会主体对政府缺乏信任、参与治理的热情不高。

诺斯指出“一种安排只有在下述两种情形下才会发生：一种情形是创新改变了潜在的利润，一种是创新成本的降低使制度安排的变迁变得合算了”①。一种新的制度安排替代一种旧的制度安排需要付出高昂的转换成本，只有当新安排的获利能力超过成本之时，该安排才有可能实现均衡，否则旧有制度的影响会一直存续。大型体育场馆公共服务政府治理的路径依赖决定了要想突破这种桎梏，必须采取一种转换成本较低的制度安排予以渐进式变革，协同治理正是对这一需求的有效回应。一方面，协同治理并不如市场治理极力推崇市场机制，彻底解除政府的治理责任，它仍然注重政府在公共服务治理中的基础地位，这更加切合当前我国体育治理生态的现实特性，不致引起强烈利益冲突和文化认知的崩溃。另一方面，它也不同政府治理单纯强调政府的垄断性，而是以多元参与和协同共治为内核，充分整合政府、市场和社会主体的专有资源和功能优势，在竞争和合作的基础上实现市场激励和行政控制的统一，从而适应当前我国大型体育场馆资产专用性的中间状态。

---

① ［美］R. 科斯，A. 诺斯，D. 阿尔钦等. 财产权利与制度变迁［M］. 上海：上海三联书店、上海人民出版社，1994.

（2）克服市场治理的制度失灵。根据资产专用性理论，市场治理对应于资产专用性程度较低的公共产品和服务才能取得良好的自发适应性，资产专用性越低，市场竞争越充分，运用市场机制提供公共服务的效率就越高，较低的资产专用性是市场治理机制取得效率的关键条件。20 世纪 90 年代后，面对传统官僚体制下政府治理公共服务低效率的失败表现，我国大型体育场馆公共服务领域积极提倡引入市场竞争机制，要求“体育场馆要逐步实现企业化和半企业化经营”，即公共服务治理的市场化。但是，当前我国大型体育场馆在资产专用性上表现出的中间状态，意味着市场治理并不必然在所有大型体育场馆公共服务中都能取得预期绩效。

首先，我国体育场馆运营市场不完全，市场竞争不足。虽然我国体育场馆从 20 世纪 90 年代开始就在推进市场化改革，但长期以来仍然大多作为事业单位由政府行政权力进行资源配置，运营体制、财政制度和人事制度都是遵循事业单位序列规则，绝大多数大型体育场馆的所有权和运营权都是由政府部门来掌握。近年来，我国体育产业市场化进程不断加快，体育场馆业作为体育产业的分支也取得较快发展，但因起步较晚和管理体制惯性，目前我国体育场馆运营市场是一个不完全的市场，表现为产业结构不健全、相关产业融合度不高、从业机构和人员不充分、体育消费需求不足等。体育场馆业从产业价值链上看，是一个延伸性、关联性强的产业门类，它与职业体育、竞赛表演、健身休闲、体育培训、体育中介，甚至与旅游、餐饮、商贸会展都紧密相关，体育场馆公共服务的市场化治理必然需要这些相关产业的密切融合，但是现实过程中我国体育场馆运营既没有发达职业体育的支撑，相关产业的融合发展也处于摸索阶段，而且我国体育场馆产业结构还存在区域不均衡的问题，体育产业集群大多集中在东部沿海地区，东部地区大型体育场馆公共服务市场化治理的执行效率要高于中部、西部地区。从体育场馆业从业机构和人员来看，一些数据表明体育场馆行业竞争主体成分单一，数量和能力都存在不足之处，2013 年我国体育场馆业从业机构为 680 家，企业型机构只占到 12%，国际上有一批著名的专业体育场馆运营集团，例如 AEG、GSE、SMG、Octagon、英国雷诺等，而国内具有同等竞争力的自主品牌体育场馆专业运营机构较少。最后，我国体育消费人群和能力不足，2014 年全国人均体育消费为 926 元，仅为全球平均水平的 1/10，而我国每年去体育场馆现场观看赛事的观众数甚至不到美国的 1/10。体育场馆运营市场的不完备和竞争的不充分限制了市场机制在体育场馆公共服务领域的资源配置能力。

其次，资产专用性所带来的较高机会主义行为风险。我国大型体育场馆采用市场化模式面向社会提供公共服务，由于资产专用性带来的机会主义行为动机，容易造成制度失灵，偏离资源配置最优状态。其一，由于大型体育场馆具有一定的资产专用性，承担公共服务治理责任的市场主体具有强烈的机会主义行为动机，而且场馆服务本身的绩效又难以测量，在提供公共服务的过程中市场主体可能利用场馆资产专用性强和绩效模糊的特性力图获取最大经济利益，而信息的不对称使得政府难以有效监管市场主体的机会主义行为，这有可能导致公共服务治理成本的增加和公共价值的流失。其二，我国大多数大型体育场馆的所有权和控制权归属于各级体育行政部门，这就产生内在的监管悖论，即政府既是场馆公共服务供给的监管者，同时又是场馆运营收益的分配者，而具有强烈机会主义行为动机的市场主体会极力游说政府主管部门，诱发政府的机会主义行为，容易导致利益合谋、监管缺位，致使一些大型体育场馆背离公益目标，过分追求经济利益，主要用于出租、展销等各类营利活动，侵占体育场馆本体功能。

最后，利益补偿机制的不到位。大型体育场馆公共服务具有正外部性，市场主体本身没有提供公益服务的动机和责任，因此，大型体育场馆引入市场机制提供公共服务，政府必须采取利益补偿的方式保障公共服务的充分供给，这也有利于缓解主体之间的利益矛盾和冲突。当前，各级政府部门主要通过设立专项补助资金用以支持大型体育场馆公共服务的提供，中央财政设立补助资金，分为补贴资金和奖励资金两部分，对东部地区、中部地区、西部地区分别按照补贴标准的20%、50%、80%的安排补贴资金，其余部分由地方统筹安排。然而，这种利益补偿机制主体单一、方式单调、范围有限，造成各地大型体育场馆公共服务供给不足、结构失衡。一是政府作为唯一补偿主体通过财政补贴促进大型体育场馆公共服务的提供，势必受到各地政府财政能力的束缚，中西部的地方政府和县市级的地方政府财力薄弱，缺乏足够经费保障大型体育场馆公共服务功能的发挥，造成服务区域结构和层级结构的不平衡。二是政府主要通过财政拨款的直接补贴方式进行利益补偿，根据大型体育场馆类型和规模进行额度测算，缺乏弹性、激励性不足，未能充分利用税收、金融、采购等市场方式进行利益的整合。三是各级地方政府进行利益补偿时，规定补助资金主要用于体育场馆免费或低收费开展基本公共体育服务项目所需支出，导致许多大型体育场馆提供公共服务局限在户外体育场地和健身设施的对外开放，能够发挥大型场馆优势的大型活动等准基本公共服务供给不足，供给质量较低。

大型体育场馆公共服务的市场治理在于打破政府治理的垄断性，利用市场竞争优势，提升供给效率，但是市场机制的效力必须建立在特定假设之上，一是要拥有较为充分的市场竞争体系，二是公共服务自身特性要符合市场竞争逻辑。显然当前我国大型体育场馆公共服务现实境遇并不具备这两大要件，完全依靠市场机制产生“公共服务治理失效”，此时，协同治理作为一种混合适应的制度安排有利于克服市场治理的制度失灵。正如 Ansell 和 Gash 所认为的，这一协同安排是由政府发起的，它重视多元参与，但并不否认“领导者”地位的确立，对于中国大型体育场馆公共服务来说，政府在其中的领导地位和核心角色是不容忽略的，“政府的比较优势，简言之在于通过政治过程确定公共服务的目标、数量、标准以及规则，并运用监管、补偿等办法保证其顺利实施”①，因而，大型体育场馆公共服务协同治理是在不完全牺牲市场激励的基础上融入政府的行政控制力，从而达到自发适应性和协调适应性的统一。

3.3　本章小结

SSP 分析范式认为物品特性是决定制度选择的关键诱因，本章进一步结合资产专用性理论关于物品资产专用性与治理机制之间的匹配规则，将“大型体育场馆资产专用性”作为物品特性，认为当前我国大型体育场馆资产专用性所呈现的中间状态是协同治理机制选择的重要客观动因。而后通过梳理中华人民共和国成立后我国大型体育场馆资产专用性的历史演变特征及其与治理机制的匹配状况对这一内在机理进行检视，研究发现：①我国大型体育场馆资产专用性程度依据硬件设施性能、多功能设计、市场成熟度、地理区位和产权结构 5 个测度指标可分为高度资产专用性、资产专用性弱化和中度资产专用性 3 个历史时期；②大型体育场馆资产专用性呈现高度状态时期（1949 ~ 1978 年），政府治理机制与之适应并取得了较好的制度绩效；③当大型体育场馆资产专用性状态随着经济体制变迁和技术进步逐步趋弱时期（1979 ~ 2008 年），大型体育场馆公共服务治理的市场化、社会化改革随之出现并在一定程度上改善了供给效率；④当大型体育场馆资

① 句华．公共服务中的市场机制——理论、方法与技术［M］．北京：北京大学出版社，2006.

产专用性锁定在中间状态之时（2009 年至今），由于治理框架尚处在政府治理或治理市场化的路径依赖当中，导致大型体育场馆公共服务呈现出主体协同不力、服务结构失衡和价值导向相悖的治理失效，这就要求与大型体育场馆资产专用性中间程度相匹配的协同治理成为一种现实选择，从而修正政府治理的路径依赖和市场治理的制度失灵，进而实现激励性和控制性的统一。

第4章　大型体育场馆公共服务协同治理的主体结构

大型体育场馆公共服务协同治理作为既定物品特性下的制度选择，通常发生在多主体、跨边界的组织场域中，涉及政府、市场、社会组织和公民个体等诸多利益相关主体，通过选择行之有效的构型安排以使所有参与主体能够明确各自的角色定位和依赖关系，是实现权力共享和优势互补的组织保障。现时我国大型体育场馆资产专用性呈现出中间状态，这就决定了利益相关主体之间的相互依赖性，主体结构就在于描述多元利益主体之间的相互关系和权责配置。本章首先对大型体育场馆公共服务利益相关主体的角色和权责进行界定，而后从跨界协同和府际协同两个层面分析跨越政府、市场、社会不同领域边界的主体结构和跨越纵向和横向不同政府部门的主体结构。

4.1　大型体育场馆公共服务的利益相关主体

利益相关主体是指那些能够影响组织目标实现或者会被组织目标实现过程中所采取行动影响的任何个人和群体，大型体育场馆公共服务协同治理的首要条件就是应对所有影响或受其影响的利益相关主体具有广泛的包容性。根据公共服务提供与生产理论，提供和生产过程的分离为利益相关主体的广泛参与提供了空间，按照角色划分和责任界定可将大型体育场馆公共服务利益相关主体分为安排者、生产者和消费者。

4.1.1 大型体育场馆公共服务的提供与生产

传统公共物品理论把非竞争性和非排他性作为区分公共物品和私人物品的理论依据，而在公共物品和私人物品之间存在大量并不完全具备这两大特性的准公共物品或混合物品，这类物品可以由政府之外的市场主体或社会主体承担生产职能。理查德·马斯格雷夫最早对公共需要的供应和公共需要的生产进行了区分，公共选择学派代表人物埃莉诺·奥斯特罗姆以非排他性和竞争性描述“公共池塘资源”，她在布坎南对公共物品“拥挤”和奥尔森对集体物品“搭便车”分析的基础上，创造性地提出“多中心允许消费、提供和生产单位在不同综合层次的混合和搭配运作”①，萨瓦斯则明确指出集体物品依靠集体行动供应时，“服务提供或安排与服务生产之间的区别是明显且十分重要的”②。大型体育场馆公共服务在非竞争性和非排他性上并不充分，大型体育场馆可以通过门票实现排他性，非竞争性具有临界点，当消费数量超过场馆的容量限度即会产生竞争性，因此大型体育场馆公共服务在某种程度上属于具有非竞争性和排他性的“俱乐部产品”，它们的消费“包含着某些‘公共性’，在这里，适度的分享团体多于一个人或一家人，但小于一个无限的数目，公共的范围是有限的。”③ 准公共服务的提供过程和生产过程可以实现分离，政府负有提供公共服务的责任，但可以采取政府提供、私人生产或者政府与私人部门合作生产的方式由政府之外的社会主体承担生产职能。

4.1.1.1 大型体育场馆公共服务的提供

大型体育场馆公共服务的提供是指社会公众获得以大型体育场馆为物质载体所生产的公共服务的过程，在这一过程中，安排者需要对一系列供应事项进行规定，包括“征税和支出的决策，决定适当类型的公共服务及其供给水平，并安排生产和监督生产等”④，具体来说，大型体育场馆公共服务的提供主要涉及服务

① ［美］埃莉诺·奥斯特罗姆．公共事物的治理之道：集体行动制度的演进［M］．上海：上海三联出版社，2000.

② Vincent Ostrom，Charles Tiebout，Robert Warren. The Organization of Metropolitan Areas：A Theoretical Inquiry［J］. American Political Science Review，1961，55（4）：831－842.

③ Buchanan James. An Economics Theory of Clubs［J］. Economic，1965，32：1－14.

④ ［美］E. S. 萨瓦斯．民营化与公私部门的伙伴关系［M］．北京：中国人民大学出版社，2002.

内容、服务水平、服务方式及付费方式的决策活动：①服务内容，即决定提供哪些公共服务，安排者需要通过公共论坛、媒体舆论、投票等多种需求表达机制了解哪些大型体育场馆公共服务是大多数公民所急需的，以此决定应提供公共服务的内容和类别。②服务水平，即决定提供怎样的大型体育场馆公共服务，这需要根据公众需求和供给能力确定提供公共服务的数量和质量标准，并对服务水平进行评估和监测。③服务方式，即明确大型体育场馆公共服务由谁来生产，大型体育场馆公共服务的生产者可以是政府部门本身，也可以是专业市场机构或社会团体，不同方式的选择要求安排者充分考虑各类场馆服务的具体属性、生产主体的竞争程度以及成本效益比等。④付费方式，即确定提供大型体育场馆公共服务所需经费如何筹措和支付，公共服务提供者保留服务提供的责任并为此支付成本，但经费的筹措是财政支持还是用户付费，是向生产者支付还是向消费者支付，这取决于财政能力和用户承受度。

4.1.1.2 大型体育场馆公共服务的生产

大型体育场馆公共服务的生产是指将资金、人才、场馆设施等有形资源和信息、技能、文化等无形资源转换为公共服务的技术过程，包括体育场地设施服务、体育健身技能培训、国民体质测试服务、大型文体活动等，这一过程关注的是技术层面的生产效率。在大型体育场馆的公共服务生产过程中，需要理性界定政府、市场与社会主体之间的关系，从生产效率上具体分析由谁来生产更具效率。一般来说，成本收益比是衡量生产效率的重要指标，当政府集安排者和生产者身份于一体时，大型体育场馆作为体育行政部门所属的事业单位负责生产公共服务，政府通过财政补助进行转移支付，这一直接生产方式由于投资渠道单一、资金有限，缺乏竞争机制和激励机制，容易造成供给不足和成本增加，这就需要政府作为安排者在确定大型体育场馆公共服务的类别、数量和质量的前提下，积极寻求更优效率的生产方式。萨瓦斯根据安排和生产活动的动态关系提出十种不同的生产方式，包括政府服务、政府出售、政府间协议、合同承包、特许经营、政府补助、凭单制、自由市场、志愿服务和自我服务等，认为生产方式的选择必须考虑公共服务的内在特性，包括公共服务的具体性、生产者的可得性、市场竞争程度、交易成本等。大型体育场馆公共服务的生产同样应该基于不同场馆服务的特征，在多种生产方式中进行合理匹配。

总之，大型体育场馆公共服务提供强调对公共服务相关事项进行决策和安排，重视全面性、公平性和回应性，大型体育场馆公共服务生产关注的是公共服务的技术转换，以投入产出效率为核心。大型体育场馆公共服务协同治理期望多元主体的资源整合以实现公平和效率的平衡，提供过程与生产过程的区分为此提供了逻辑支撑和操作空间。

4.1.2 大型体育场馆公共服务的安排者

对大型体育场馆公共服务来说，提供者或安排者通常是政府部门，负责“指派生产者给消费者，指派消费者给生产者，或者选择服务的生产者”[①]。作为公共组织，政府需要充分把握社会公众的消费偏好，对公共服务的内容、数量、质量和融资做出安排，并根据公共服务类型选择相匹配的生产方式。

4.1.2.1 作为安排者的政府组织

大型体育场馆公共服务的安排者之所以由政府承担有其政治和经济原因：一是政府作为公共利益代理人，负有提供公共服务的政治责任；二是大型体育场馆公共服务在容量范围内具有非竞争性，市场提供会存在效率损失，政府在一定程度上能对此进行弥补。从政府的起源和性质来看，政府是“公意”的执行机构，公民与政府之间的政治契约授予政府负有提供公共服务的权力和责任。社会契约论认为，人类在进入政治国家之前处于一种自然状态，这是一种美好而自由的状态，但也存在缺陷，由于缺乏法律和公共权威，自由状态下的个人之间发生冲突得不到公正而强有力的裁决就会引发战争，于是人们缔结契约，让渡一部分自由权利给国家以形成公共权威，即洛克所说：“由于人人有惩罚别人的侵权行为的权力，而这种权力的行使既不正常又不可靠，会使他们遭受不利，这就促使他们托庇于政府的既定的法律之下，希望他们的财产由此得到保障。”[②] 由此，卢梭进一步指出“要寻找一种结合方式，使它能以全部共同的力量来防御和保障每个结合者的人身和财富”，这一结合行为就产生了“道德的与集体的共同体，以代替每个订约者的个人”[③]。因此，政府作为这个共同体在获得权力的同时，有责任为赋予其权力的公民提供保护和服务。体育活动是增进人体健康和丰富精神文

① ［美］E. S. 萨瓦斯. 民营化与公私部门的伙伴关系［M］. 北京：中国人民大学出版社，2002.
② ［英］洛克. 政府论（下篇）［M］. 北京：商务印书馆，1964.
③ ［法］卢梭. 社会契约论［M］. 北京：商务印书馆，2002.

化生活的重要形式，体育需求是人们因生理或社会原因产生从事体育活动的愿望和要求，属于人类的基本需求。大型体育场馆是公众开展健身活动的基础设施，以其为载体所提供的公共服务是满足公众体育健身需求，增进社会福利事业的重要内容，以公共利益为价值旨归的政府部门必须承担提供大型体育场馆公共服务的治理责任。

进一步从政府能力来看，公共物品理论认为在自由市场的环境下，由私人部门遵循市场自由竞争规则提供公共服务，会由于其所具有的非竞争性或非排他性带来公共服务的供给不足，无法达到帕累托最优状态。政府作为公共权威机构，能够以税收和转移支付的方式实现社会资源的再配置，对市场失灵进行弥补和规制。大型体育场馆公共服务以大型体育场馆为物质载体，场馆容量大，在其限度范围内，同一时间由多人共同消费或使用，其边际成本要么为零，要么很少，但生产者的生产成本并不为零。而且其向社会公众提供体育健身服务、举办大型文体活动过程中能够提升公众健康水平和劳动生产效率，并且带动周边经济和相关产业发展，因此，大型体育场馆公共服务是具有一定程度非竞争性和较为显著正外部性的准公共产品。由于边际成本大于边际效益，市场主体作为提供者难以通过收费机制弥补生产成本，容易造成场馆公共服务供给不足，或是市场主体通过高昂收费来回收成本，却又使低收入群体没有能力获得这类公共服务，违背公共服务公平，这就需要政府通过外在的强制性手段来分摊成本，并对资源配置加以控制，从而促进场馆公共服务的有效供给。

4.1.2.2　政府组织的责任边界

对于大型体育场馆公共服务治理议题，政府与公民之间是一种政治契约关系，政府安排大型体育场馆公共服务的提供是“政府本身的价值”，政府在这一过程中始终占据主导地位，但正如公共服务提供与生产理论所言，政府保留公共服务提供的责任，但并不一定要由政府来生产。因此，有必要界定政府作为安排者在大型体育场馆公共服务治理过程中的职责边界。

（1）制度安排。制度是指“约束特定行为模式和关系的一套行为规则”①，“政府，作为一种实现帕累托最优资源配置的机构，其存在会减少人数众多时获

① 林毅夫．制度、技术与中国农业发展［M］．上海：上海三联书店、上海人民出版社，2008.

取个人关于公共物品和外部性的偏好的信息所需的交易成本和谈判成本。”① 政府在政治力量和资源配置上的优势决定了其在设立、修改和解释行为规则时占据了专有地位。因此，它要提供相应的法律法规和政策，规范大型体育场馆公共服务供给的运行规则。在制度上，主要包括两类：一是有关大型体育场馆公共服务供给原则和方针的法律性规范。我国《体育法》第十六条规定：“公共体育设施应当向社会开放，方便群众开展体育活动，对学生、老年人、残疾人实行优惠办法，提高体育设施的利用率。”《公共文化体育设施条例》第十七条规定：“公共文化体育设施应当根据其功能、特点向公众开放”，上述条例明确规定了公共体育设施的公益性和开放功能，我国绝大多数大型体育场馆属于公共体育设施，应当依照法律规范充分发挥公共服务职能。二是由政府部门制定关于大型体育场馆公共服务供给内容、水平、生产方式和付费方式的行为规范。建立操作性强的行为规则有利于相关主体规范有序地提供场馆服务，目前，中央政府层面高度重视大型体育场馆公共服务的供给，2013 年，国家体育总局会同相关部门联合印发《关于加强大型体育场馆运营管理改革创新提高公共服务水平的意见》并出台了一系列配套措施。随后，《大型体育场馆基本公共服务规范》《大型体育场馆运营管理综合评价体系》《大型体育场馆免费低收费开放补助资金管理办法》《体育场馆运营管理办法》等相继出台，旨在进一步规范大型体育场馆公共服务供给的内容和方式。

（2）底线服务。我国大型体育场馆公共服务按照社会福利水平可分为基本公共服务和非基本公共服务，公民对基本公共服务的需求是公民的基本权利，为确保社会公平和正义，政府应该保证公民基本公共服务权利的实现，这是政府的“底线责任”，例如我国事业型体育场馆依靠预算拨款对外免费和低收费提供基础性的健身设施服务、国民体质监测服务、群众性体育文化活动等。值得一提的是，不同层级政府履行底线服务责任要根据公共服务的受益范围和规模效应予以划分，公共服务的受益范围分为全国性和地方性，如果受益范围是全国性的，惠及整体公民，应该由中央政府承担主要提供责任，如果受益范围是地方性的，该公共服务只有行政辖区内的公民能够受益，地方政府应当承担主要提供责任。从规模效应上看，服务的同质性强，就应该由高层政府来承担，由此产生的规模效应更强，服务的异质性强，就应该由低层级的政府来承担，以提高服务的针对

① ［美］丹尼斯·C. 缪勒. 公共选择理论［M］. 北京：中国社会科学出版社，1999.

性。我国大型体育场馆公共服务具有明显的地方性和异质性，地方政府部门应承担更多治理责任，当前我国大多数体育场馆归为市县级政府，占全国体育场地数量的 91%，但各级大型体育场馆公共服务的财政保障力度极不平衡，国家级大型体育场馆的财政保障力度达 70%，省级达 50%，但地方财政对市县级政府财政保障力度均在 10% 左右，层级越低，财政保障水平越低，因此，要求中央政府进一步加大财政转移力度的同时，地方各级政府应积极履行自身的服务责任。

（3）协同领导。大型体育场馆公共服务提供和生产过程的分离意味着政府可以利用自身之外的市场和社会力量来实现公共服务生产职能，但是，有着各自利益考量的多元主体并不必然产生协同行为，这就需要一个领导者对“市场、国家、民间社会等治理形式、力量或机制进行一种宏观安排”[①]，使之趋向共同的目标。有着组织智慧和权力资源的政府理应承担起这一角色，这是因为“作为一个制度子系统的国家（政府）不过是更广泛、更复杂的社会的一部分，但它同时又按常规承担着保证该社会的机构制度完整和社会凝聚力的责任。”[②] 因此，政府需要从目标、权力、信任、结构等方面履行领导责任以克服“协同惰性”，一致目标是多方主体进行协同行为的起点，政府要建立共同愿景，使市场和社会主体明确大型体育场馆公共服务的协同治理不仅能够实现社会福利的增加，同样能够带来更大的消费市场以促进盈利。政府在治理网络中具有“同辈中长者”的特殊地位，政府要运用自身的公共权威对场馆服务生产和提供过程中的利益冲突进行引导、仲裁、控制和协调，囊括政府系统内部中央政府与地方不同层级政府、体育行政部门与工商、建设、财务等不同部门之间以及政府与市场、社会等外部参与力量之间的利益协调，这种权力的性质在于对协同行为实施影响，并非传统科层体制中的命令服从关系。信任是协同行为产生的条件，政府要建立有关场馆服务信息公开机制和协同共享平台，积极塑造主体之间的民主对话，让所有参与主体的利益诉求都能够得到充分表达和回应。清晰的权责结构和紧密的资源依赖是开展协同行动的基础，政府要厘清不同生产方式中生产者、消费者和安排者的权责边界及资源禀赋，建构适合不同类型场馆服务提供的制度安排和联结方式，从组织结构上确保多元主体的协同。

---

① 鲍勃·杰索普，程浩．治理与元治理：必要的反思性、必要的多样性和必要的反讽性［J］．国外理论动态，2014（5）：14－22.

② Malpas J.，Wickham. G. Governance and Failure：On the Limits of Sociology［J］. Australian and New Zealand Journal of Sociology，1995，31（3）：37－50.

（4）监督管理。政府对大型体育场馆公共服务生产职能的让渡并不意味着政府责任的放弃，政府作为二次委托人必须对代理者所生产的公共服务数量和质量进行监管来保证公共利益的实现。具有排他性和有限非竞争性的大型体育场馆在生产公共服务过程中容易因为逐利而侵蚀公共利益，因此，政府需要制定规则约束生产者的机会主义行为。在大型体育场馆的基本公共服务领域，首先要重视不同区域、不同层级的均等化配置，在当前我国场馆服务结构失衡的情境下，政府部门要加强财政资金配置效率以最大限度实现大型体育场馆基本公共服务在东中西部区域之间和省市县层级之间的均等化。其次，体育行政部门要对大型体育场馆公共服务生产的全过程进行监管：一是要将场馆公共服务价格纳入政府定价范围，政府基于本地经济的社会发展水平和消费状况制定科学合理的定价机制，既对生产者产生激励效用，又不会侵蚀公共利益。二是要通过契约形式设立生产单位应当履行的公共服务标准和违约责任，建立畅通的投诉渠道和绩效评估机制，政府部门通过财务审查、绩效报告等方式对其进行监管，惩戒服务治理过程中的违规行为，以此保证大型体育场馆公共服务的有效供给。

4.1.3 大型体育场馆公共服务的生产者

大型体育场馆公共服务的安排者和生产者可以合一，也可以分离，作为安排者的政府可以直接负责生产，也可以将自己不宜直接生产的场馆服务交由企业、非营利组织等市场或社会领域的主体来承担，“直接组织生产或者直接向消费者提供服务”的生产者负责将资金、人才、体育场馆设施等有形资源和信息、文化、技术等无形资源转换为体育场馆公共服务，不同类型的生产者在法律地位、价值偏好、资金来源和运行机制等方面各有特点。

4.1.3.1 事业单位

事业单位是政府或政府职能部门利用国有资产设立的，从事教育、科技、文化、卫生、体育等活动的社会服务组织，是中国特色的公共服务生产组织。我国大部分大型体育场馆为国有资产，大多作为政府主办的事业单位负责组织相关生产要素进行大型体育场馆公共服务的生产，数据显示我国事业型场馆约占60%，这类型生产者主要具有以下四大特征：①属于非政府公共部门，事业单位均是由各级政府部门设立的公共服务组织，隶属于一级政府或政府职能部门，接受体育

行政主管部门领导，但不归为行政机构，也不具有行政权力。②以公共利益为目标，政府部门设置事业单位履行公共服务职能，生产公共产品和公共服务是事业单位的基本职责，以公共利益的实现作为组织价值目标。③资金来源的财政性，事业单位组织生产大型体育场馆公共服务的经费主要来自财政拨款，包括全额拨款、差额拨款和自收自支三种方式，全额拨款单位的事业经费全部来自财政预算，全面接受政府监督和管理，而差额拨款单位按差额比例接受财政补贴。④科层管理，事业单位由政府设立，属于整个行政体系中的一部分，政府将其纳入行政序列进行管理，设定行政级别。事业单位组织内部也按照科层结构设置部门，并按照行政管理模式处理内部事务，在人事、运营、财务等方面受体育行政主管部门的指导和管理。

事业单位产生于高度集中的计划经济体制，是我国特有的一种社会组织形式，作为隶属于政府部门的生产单位，依赖于政府高度集中的资源配置方式，在生产和提供各类体育场馆公共服务中发挥了重要作用，但是这类组织与行政机关的同质化致使缺乏降低成本的激励机制和提升效率的竞争机制，导致公共服务生产效率较低。随着市场经济体制背景下事业单位分类改革的不断推进，事业单位按照社会功能逐步分为行政类、公益类和生产经营类三种类型，履行行政职能的行政类事业单位将归入行政机关，生产经营类事业单位转为企业，承担公益服务生产职能的公益类事业单位将保留在事业单位序列。分类改革后的公益类事业单位将会改革管理体制，实现政事分开、管办分离，政府减少行政干预，强化宏观管理和政策引导职能，落实事业单位法人自主权，建立法人治理结构和灵活人事管理制度，增进公益属性，以更优效率生产公共服务。

4.1.3.2　企业组织

企业是指以营利为目的，运用各种生产要素向市场提供商品和服务，实行自主经营、自负盈亏、独立核算的社会经济组织。相较于事业单位，企业组织在制度设计和资源配置上更加灵活高效，主要具有以下特性：①属于非公共组织，企业是市场活动的基本经济单位，不隶属于行政机关，一般不受行政主管部门领导和控制，按照一定方式组织生产要素进行商品和服务的生产，并通过市场竞争机制进行商品和服务交换。②以营利为目的，追求经济利益是企业活动的首要目标：一是在组织结构上和工作流程上更讲究效率，需要对市场和消费需求及时做出回应；二是在生产和运营上更重视成本控制，只有这样才能在激烈的市场竞争中占得先机，谋求经济目标。③具有独立法人地位，企业是独立的经济实体，自主经营、自负盈亏，独立承担财产经营的风险和责任，在财务、人事、利润分配上具有充分自主权。企业组织生产的资金主要来源于投资和盈利，在资金使用上依法自主分配，无须编制财政预算。人事管理和薪酬安排上主要依据员工业绩和企业经营状况，较具灵活性和激励性。

传统公共物品理论认为以营利为目标的企业组织生产具有较强正外部性的大型体育场馆公共服务过程中会产生效率损失，政府是天然的公共服务生产主体。但公共选择学派指摘的“政府失败”论提出政府部门在提供公共物品时由于缺乏竞争性压力和降低成本的激励机制，趋向于浪费和滥用资源，导致公共支出成本规模过大或者效率过低。因此，在公共服务提供和生产分离理论的支撑下，使经济绩效更具优势的企业主体能够参与大型体育场馆公共服务的生产环节。近年来，随着我国市场经济和体育产业快速发展，涌现出一批资金规模和专业水平较高的体育场馆运营企业，诸如中体产业集团、华体集团、国家体育场有限责任公司等国有企业型生产主体，以及体育之窗、佳兆业文体公司、华熙国际、珠江文体产业等民营企业型生产主体。这些企业主体凭借其灵活的制度设计、专业的管理技术和丰富的社会资源担负起大型体育场馆公共服务生产责任，在一定程度上能够降低生产成本、提升生产效率，及时满足公众体育需求，但是企业主体的逐利性有可能导致场馆服务公益性不足，这时需要通过特定制度设计予以规避。

4.1.3.3 体育社会组织

体育社会组织是指人们自愿组成，为实现特定体育服务目的或共同的体育意愿，按照其章程从事各种体育运动和健身活动的非营利性、民间性社会组织[①]，包括体育社团、体育民办非企业单位、体育基金会以及自发性群众体育组织等。这类组织以非政府性和非营利性为核心特征，具体表现包括：①民间性。体育社会组织是由具有共同体育意愿的公民自愿缔结的一种民间组织形式，是介于政府与企业之间的“第三部门”，与政府组织不存在隶属关系，在法律上具有独立的法人地位。②非营利性。体育社会组织的经费主要来自服务收费、会员会费、社会捐赠和政府资助，体育社会组织可以通过服务收费或开展营利性活动获取利润，但不能以营利为目的，在一定时期内获得的利润只能用于组织使命本身，不

① 刘国永，裴立新．中国体育社会组织组织发展报告［R］．北京：社会科学文献出版社，2016.

能分配给组织成员和管理人员。③自治性。体育社会组织不受外部控制，通过组建会员大会、理事会和监事会实现自治自律，面向社会普及传播体育健身理念、推广体育项目和开展体育竞赛。④志愿性。体育社会组织是公民自发形成的互益性或公益性组织，具有强烈的公益服务意愿，在组织活动中体现出志愿精神和互助主义。

体育社会组织作为公益性非政府组织，既不受科层体制约束，又不受企业盈利约束，能够有效地承接大型体育场馆公共服务的生产任务，弥补事业单位和企业所存在的固有缺陷。一是具有较大社会容量，体育社会组织大多是由公民自愿缔结的自治组织，组织结构和运行方式更具灵活性和参与性，能有效动员社会资源参与生产更为符合社会公众需求的体育场馆公共服务，弥补政府生产能力不足。二是其所具有的丰富志愿资源和非分配约束有助于克服企业主体因过分追求经济利益导致大型体育场馆脱离体育本体功能和公益属性。近年来，我国体育社会组织发展迅速，民政部门统计数据显示全国正式登记的体育社会组织由 2007 年的 16028 个上升到 2014 年的 32749 个[①]，数量上翻了一番，而且体育社会组织在我国大型体育场馆公共服务生产环节中的主体地位日益凸显，国务院文件明确要求将适合由体育社会组织提供的公共服务和解决的事项，交由体育社会组织承担，有数据表明，51% 的体育社会组织在 2015 年依托体育场馆举行过公益性体育活动。但是我国体育社会组织对体育行政部门依赖性较强，行政化色彩浓厚，缺乏独立地位和自治能力，需要进一步推进实体化改革，厘清政府与社会组织的权责边界，培育自主治理能力和公共服务能力，从而更好地承接大型体育场馆公共服务的生产职能。

4.1.4　大型体育场馆公共服务的消费者

消费者是指大型体育场馆公共服务的最终接受者和享用者，大型体育场馆公共服务的公益逻辑意味着其最终目标是为了实现公民的体育权利，作为服务对象的公民在大型体育场馆公共服务治理过程中扮演着消费者这一角色。

---

① 民政部．社会服务发展统计公报［EB/OL］. http：//www. mca. gov. cn/article/sj/tjgb/201607/20160700001136. shtml，2016 - 07 - 11/2016 - 12 - 20.

4.1.4.1 作为消费者的公民角色

在公共服务治理过程中，公民角色的演变经历着一场关于公民权利和行政理性的拉锯战。韦伯式官僚体制作为传统的公共服务供给机制强调公共服务的专业化，基本排斥公民的参与，公民只是作为服务的旁观者，被动接受专业官僚队伍所提供的公共服务，我国大型体育场馆公共服务的政府治理机制正是这一模式的具体体现，社会公众在其中无法发挥作用。20 世纪 80 年代兴起的新公共管理运动提倡公共服务的市场化，把公民视为“顾客”，强调顾客至上，公民仅仅作为服务的消费者表达自己的服务需求，却不具备任何主动的责任和义务参与到公共服务的提供与生产过程中。20 世纪 90 年代，新公共服务理论基于对新公共管理的批判，重申“公民权”在公共服务中的重要地位，认为“公民具有一种公共事务的知识、一种归属感，一种对整体的关切、一种与自身的命运休戚与共的社群道德契约”，新公共服务“试图鼓励越来越多的人去履行他们作为公民的责任，进而特别关注他们的声音”。[①] 因此，在大型体育场馆的公共服务提供中，公民不仅仅是被动接受服务的消费者，而应以一种履行公民责任的姿态主动介入服务的决策、生产和评估的全过程，与政府和多元生产主体形成积极的协同关系，从而最大化地实现公共利益。

4.1.4.2 作为消费者的公民责任

世界银行 2004 年发展报告以“责任”（Accountability）这一术语诠释公共服务提供过程中各参与主体之间的关系，提出包括穷人在内的公众消费者对政府决策者的长线责任以及公众消费者对服务生产者之间的短线责任，长线责任是一种表达和政治关系，即公众委托政府为他们的利益需求服务，短线责任是一种客户权力，公民向服务生产者表明自己的服务需求并对其生产情况进行监督，这一创新性的分析框架充分体现出公民“用手投票”的选民权力和“用脚投票”的消费者权力在公共服务治理机制的重要作用。大型体育场馆公共服务协同治理的逻辑起点是公民复杂化和多样化的体育需求，逻辑终点是为了有效满足这种服务需求，公民与服务安排者和生产者之间以一种责任关系连接在一体，同样包括长线

---

① ［美］珍妮特·V. 登哈特，罗伯特·B. 登哈特. 新公共服务：服务而不是掌舵［M］. 北京：中国人民大学出版社，2010.

责任和短线责任。

长线责任主要是指公民与作为安排者的政府组织之间的责任关系，控制机制为表达权和契约，表达权是指公民向政府表达所需大型体育场馆公共服务的诉求，契约是指政府为实现公民需求而与服务生产者之间建立联系。公民为让安排者在进行公共服务决策时能充分吸纳自身意愿，需要通过健全的表达机制来履行表达权，主要方式包括：①参与决策，即公民参与大型体育场馆公共服务供给规则的制定，通过公民讨论和投票，共同决定大型体育场馆公共服务提供的服务内容和服务标准等，这是一种较高程度的公众参与形式，能够对决策产生实质性影响，但是这种责任形式在当前我国大型体育场馆公共服务决策中体现不足，仍然以政府和专家权威为主。②意见表达，大型体育场馆公共服务是以公民需求为导向的，通过意见征集、民意调查等形式让公民充分表达诉求，并积极吸收公众意见以形成决策方案。我国大型体育场馆在规划、建设前期一般会组织相关专家和公众代表进行方案探讨和论证，汲取相关建议。③信息沟通，是指在大型体育场馆公共服务供给决策方案出台之前，通过召开座谈会和听证会等形式，召集各方公民代表对政策进行讨论，意图通过信息传达和公民沟通以获取公众支持，这种形式的影响力较弱，一般在决策方案基本定稿，以及尚未执行之前，只起到公民互动和沟通的作用。

短线责任是指公民与服务生产者之间的责任关系，以客户权力为控制机制：一是公民直接向服务生产者表达自己对大型体育场馆公共服务的需求，服务生产者的收益取决于公民需求的满足程度，二是公民监督服务生产者的供给情况。公民与服务生产者之间是一种直接的责任关系，具体表现包括：①表达需求，公民可以根据自己的需求和能力选择适合自己的大型体育场馆公共服务，以此形成生产者的竞争，促进生产者改善供给水平。②服务评价，公民可以对服务生产者所提供服务的数量、质量、价格和效率等进行满意度评估，政府根据评估结果以决定生产者的取舍和财政支持水平。《大型体育场馆基本公共服务规范》中明确要求根据顾客满意度提高服务水平，国内众多大型体育场馆也设置了消费者投诉热线，以便及时了解服务供给过程中存在的问题。③合作生产，是指公民通过志愿服务或参与社团的形式成为大型体育场馆公共服务的生产者主动介入到提供过程当中，重庆市2013年起即开展了志愿服务活动，召集有体育专业知识和技能的志愿者前往体育场馆提供免费健身指导服务，开展体育知识宣传和技能培训，帮助群众提升运动技能①。

综上所述，大型体育场馆公共服务涉及三类基本参与者：安排者、生产者和消费者，政府的政治使命和经济责任所决定的安排者地位要求履行制度安排、底线服务、协同领导和监督管理的职能，具有不同组织特性和价值偏好的事业单位、企业和体育社会组织构成了多元化的生产者体系，而作为消费者的公民同样具有参与公共服务决策、执行和评估的主体责任，治理角色的分离和界定使具备最优效能的主体能够各司其职、有序运转。

4.2 大型体育场馆公共服务的跨界协同

大型体育场馆公共服务协同治理是在多元利益主体的组织中进行运作，那么，如何将来自政府、市场和社会不同领域的安排者、生产者和消费者有序地融合在一个共同体内协同行动？大型体育场馆公共服务跨界协同就在于通过特定的结构安排建构跨域主体的行动秩序，它既不同于关注权威等级的科层结构，也有别于自由竞争的市场结构，它注重的是汲取组织优势的网络化结构。

4.2.1 协同结构的状态变量

大型体育场馆公共服务协同结构是对多元治理主体的相互依赖关系进行界定，而这种依赖关系是受服务特性影响和决定的，资产专用性作为大型体育场馆公共服务较为典型的物品特性同样会影响到内部操作规则层次上的主体结构。同时，SSP 范式认为状态特性除物品特性之外，还包含个人和团体的特性，在大型体育场馆公共服务协同治理议题中，政府在其中起到安排者的作用，政府的偏好、能力、知识和策略选择会对协同结构起到重要影响，因此，本章以资产专用性和政府能力两个变量来考察大型体育场馆公共服务跨界协同结构的状态特性。

① 邓红杰．好体育人重庆全民健身志愿服务的新名片［EB/OL］. http：//www. sport. gov. cn/n317/n344/c779037/content. html，2016－12－06/2016－12－30.

4.2.1.1 大型体育场馆资产专用性程度

威廉姆森认为，资产专用性能够引起治理结构反应，根据资产专用性程度和治理效能的对应关系，将治理结构分为科层、市场和混合三种逻辑类型。科层结构主要反映了韦伯的科层制组织特性，表现为纵向权力分层和横向职能分立的层级组织结构形式，以权威为控制机制，通过自上向下的命令服从关系和内部规章协调组织内部的秩序。政府是一种典型的科层治理结构，主要依靠层级节制的命令链条和正式的规章制度来运作，具有较强的协调适应能力和行政控制能力，这种结构能有效满足市场竞争程度较弱、资产专用性较强的公共服务治理任务。市场结构是一种松散型结构形态，市场结构中的主体都是具有独立地位的平等主体，基于价格机制在市场中为各自利益讨价还价，完全遵守市场机制的操作规则进行自由交易，实现资源配置，体现个体性和自主性，这种结构具有较强的激励效应，适用于资产专用性程度较低的物品。科层和市场分别是两种不同的极端结构形态，以此作为一张连续渐变谱系的两个端点，其两端之间存在着大量的中间形态，即混合治理，这种治理结构更似一种网络型的结构形态，具有多样化的组织间关系结构，对资产专用性位于中等程度的物品或服务来说，具有治理方面的优势。如前所述，我国大型体育场馆资产专用性在改革开放前处于高强度，改革开放后，随着社会主义市场经济体制的建立以及大型体育场馆在功能设计上和融资结构上的变化，资产专用性程度减弱，但是，由于其所特有的物理资产用途和公共物品属性，我国绝大多数大型体育场馆难以成为资产专用性低的通用性资产，大多落在中间水平的区位内，这就决定了具有混合治理结构内涵的协同治理机制更能带来效率，这实现了日常工作制度层次的配置效率。

然而，大型体育场馆的资产专用性属于地理位置专用性和实物资产专用性，由于区域环境和资源要素的区别，即使在中间区段内也表现出差异性。一方面，新旧场馆在适用范围上存在区别，长期以来我国大型体育场馆在功能设计上主要为承办竞技体育赛事服务，使一些建筑年代较为久远的老旧场馆用途单一，基本只能为专业比赛和运动训练服务，注重观赏性看台设计，缺乏配套服务设施，无法有效满足群众健身锻炼需求和赛后的多功能利用。但近年来随着大型体育场馆闲置问题的日益突出和建筑技术的进步，大部分新建大型体育场馆在设计环节上十分注重场馆空间结构的可拓展性和复合性利用，适用范围相对较宽，除承办赛事之外，还可开展全民健身、文艺演出、会议展览和体育旅游等。例如，南京青奥中心按照使用功能不同分为国际会议中心兼大剧院音乐厅、奥运博物馆、高星级酒店及配套餐饮等五大部分，赛后可以打造为多功能文化综合体。另一方面，由于地理因素、政策倾斜和资源投入的区别，不同大型体育场馆所属区域的市场发育程度、场馆空间布局和产权结构等呈现出差异性，致使流动价值有高低之分。作为改革先行区域的东部地区具有相对成熟的体育市场体系，居民收入水平和消费水平也趋于较高水准，而且集中在东部大型城市中心地带的大型体育场馆又有着较为发达的交通网络并且靠近居民生活区，从而使东部区域的大型体育场馆公共服务流动性明显高于中部、西部区域，以大型体育场馆承办经营性文化演艺活动为例，2013 年共计 3957 次，东部地区占比高达 49.5%，中部地区占比 21.2%，西部地区为 24.7%，东北地区则为 4.5%。

由此可见，由于经济社会环境、地理因素和管理传统的不同，新建场馆与老旧场馆、不同地理区域场馆之间资产专用性程度表现出差异性。那些设计之初就充分考虑赛后多功能开发、硬件设施条件较为先进和完备，位于经济社会发展程度较高、市场体系较为完善、空间布局较为科学合理、产权性质股份化和企业化的大型体育场馆所具有的资产专用性程度明显要低于那些设计之初未充分考虑赛后多功能开发、硬件设施条件老旧落后，且位于经济社会发展程度低、市场体系发育不成熟、融资结构单一、地理位置离市区较远、配套设施不健全的大型体育场馆所具有的资产专用性。威廉姆森也表明中间水平资产专用性的范畴较为广阔，内部同样有程度差异，作为介于科层结构和市场结构的混合治理结构，同时具有两种结构形式的制度属性，但在倾向上是有区别的。处于中间形态的大型体育场馆资产专用性程度并不稳定，协同治理内部操作规则层面的主体结构随着资产专用性程度的变化进行匹配才能进一步实现配置效率。当资产专用性程度趋强，市场竞争性趋弱，此时科层一体化的作用越明显，协同结构应更具有科层性质。当资产专用性程度趋弱，市场竞争性趋强，来自市场领域和社会领域的主体就越具有承载治理责任的动力，市场机制的作用就越明显，协同结构更加接近市场性质。

4.2.1.2 政府能力

以大型体育场馆资产专用性程度作为跨界协同结构形式的状态变量，为协同治理的现实操作提供了理论工具，但以此作为唯一变量进行分析势必造成逻辑上的局限。事实上，依靠资产专用性特征来确定治理结构，只关注到交易成本对于大型体育场馆公共服务协同结构选择的影响，忽略了与协同结构密切相关的生产成本以及交易成本和生产成本两者之间的权衡。公共服务提供和生产理论之所以将安排者和生产者角色进行分离，目的就是要在生产环节中选择最优生产效率的生产者来承载生产任务。因此，大型体育场馆公共服务协同治理的主体结构形式不仅需要依靠资产专用性来判断交易成本，同时也需要根据承接生产者的生产能力来判断生产成本。

萨瓦斯认为，政府内部组织生产的成本和委托外部生产者交易成本的高低是决定主体结构形式的主要依据，当交易成本高于组织内部生产成本，宜选用政府内部生产者进行生产，当交易成本低于组织内部生产成本，则应委托外部生产者进行生产。也就是说，政府作为大型体育场馆公共服务治理制度的安排者，当自身生产能力强于外部生产者之时，此时选择政府内部生产者的生产成本具有替代交易成本的优势，当自身生产能力弱于外部生产者之时，此时内部生产在生产成本上不占优势，就需要耗费一定的交易成本去寻求外部生产者，政府选择外部生产者进行生产实质上是外部生产者具有较优的生产能力和成本优势。大型体育场馆公共服务协同治理的主体结构关系实质上是一种分配关系，是公共服务提供和生产行为在不同主体之间的分配，这种分配取决于不同利益相关主体的资源和能力差异，其中，政府在权力关系和资源配置上占据主导地位，其能力事关协同结构的显性因素。

政府能力主要包括基于技术的公共服务生产能力和基于安排的组织能力两个方面，政府所具备的高度集中的组织能力和对社会资源的计划配置能力使其在公共服务生产上具有特定优势，但其所依赖的科层体系和相对封闭的管理系统又带来了不可避免的僵化。大型体育场馆公共服务跨界协同结构形式的选择应以政府能力为参照，当政府能力较强时，政府内部组织生产的成本就会低于外部生产，因从外部寻求生产者不仅生产成本高，还需要额外支付交易成本。当政府能力较弱时，外部生产者的生产能力和竞争优势会有效降低生产成本，此时应倾向于与外部生产者进行协同治理。

4.2.2　跨界协同的结构选择

跨界协同结构形式的选择需要综合考虑大型体育场馆资产专用性程度和政府能力两项状态变量。由于中间区位的资产专用性程度并不具有稳定性，治理结构不断向市场结构或是向科层结构趋近，因此以“高”和“低”为标准表示这一区位资产专用性的相对程度，政府能力则以“强”和“弱”作为程度标准。两两组合可以形成四个象限：资产专用性程度高—政府能力强；资产专用性程度高—政府能力弱；资产专用性程度低—政府能力强；资产专用性程度低—政府能力弱。四个象限分别对应四种结构形式，分别为：科层式协同、外包式协同、战略式协同和市场式协同（见表4－1）。

表4－1　大型体育场馆公共服务跨界协同结构

资产专用性程度	政府能力	
	强	弱
高	科层式协同	外包式协同
低	战略式协同	市场式协同

4.2.2.1　科层式协同

科层式协同是指政府制定大型体育场馆公共服务治理的各项规则，并由隶属于政府部门的事业单位承接生产任务的结构形式，由于事业单位属于政府部门的下属单位，这种结构形式类似于政府内部组织的科层结构，体现出自上向下的协同安排，是协同治理机制下趋近于政府治理的一种准科层制结构。它适用于大型体育场馆资产专用性程度较高、政府能力较强的状态特性之下，当大型体育场馆资产专用性程度较高时，意味着适用范围较窄，可流动性弱，大型体育场馆硬件条件老旧，功能设计单一，市场经营性差，缺乏充分竞争的市场环境和市场主体来拓宽场馆的多功能开发，如果政府试图完全依靠市场机制来提供大型体育场馆公共服务有可能耗费高昂的交易费用并受到市场主体机会主义行为的威胁，而此时政府能力本身较强，自身内部组织大型体育场馆公共服务的提供和生产具备生产成本优势，在这一情形下，政府依靠一体化的准科层体系更加有利于保证大型体育场馆公共服务的有效提供。

我国大多数大型体育场馆属于事业单位法人，协助体育行政主管部门履行公共服务生产职能，传统政府治理机制下所依赖的政事结构是一种层级节制的官僚一体化关系，政府对大型体育场馆事业单位进行单向权力控制，按照政府制定规则、财政预算分配和行政命令控制的纯粹科层结构模式进行大型体育场馆公共服务的生产和提供，场馆事业单位对各项公共服务生产事宜缺乏自主权，甚至成为政府主管部门的利益载体，进而形成利益链。科层式协同关系并不等同于传统意义上的政事关系，科层式协同要求在政府职能转变、事业单位分类改革基础之上对政事结构进行重塑：一是政事分开，即明确划分作为安排者的政府主管部门与场馆公共服务事业单位之间的责任界限，按照提供与生产职能分离的原则，打破"行政事业一体化"结构，赋予事业单位独立的法人地位，使之在场馆公共服务生产方面的人、财、物等资源配置上享有适度自主权。政府主管部门在大型体育场馆公共服务治理过程中主要承担制度安排、标准规范和监督指导的职能，减少对事业单位的微观管理和行政干预。事业单位主要承担场馆公共服务的技术性和生产性职能，建立全员岗位聘用制度，消除政事之间的人事利益关系，健全财务管理制度和资产管理制度，实现自主经营和自主管理。二是政事协同，政事分开不是简单地将政府与事业单位分离，恰恰是在于进一步强化两者之间的有效协同，政事协同要求将两者由传统的层级关系转变为现代交易关系，事业单位不再是直接执行生产命令的生产者，而是按照市场规则参与大型体育场馆公共服务生产的竞争。这种交易关系要以建构事业单位法人治理结构为前提，事业单位法人治理结构要求实行所有权和经营权分离，事业属性的大型体育场馆所有权属于政府，事业单位场馆要建立理事会对大型体育场馆公共服务生产的各项事宜行使经营决策权，经营管理权由专业管理人员组成的管理层行使，执行理事会决策，对理事会负责，受理事会监督。

湖北省洪山体育中心可为科层式协同的典型案例，洪山体育中心是湖北省体育局直属正处级事业单位，包含两个主要场馆，分别是1986年建成的洪山体育馆和1994年落成的英东游泳馆，场馆建成时间较长，配套设施相对较为落后，资产专用性程度较强，但在湖北省体育局的领导和支持下，场馆单位一直推进运营管理体制改革，坚持公益性与经营性"两手抓"、事业化与企业化相融合，作为国家级全民健身中心多次获得"全国优秀体育场馆""全国全民健身先进集体"等称号。2008年，两大场馆与湖北省体育用品管理中心合并组建成洪山体育中心，成为具有适度经营自主权的事业单位法人，积极利用互联网资源与湖北省体育局政府购买公共体育服务方面的投入，推出了全国首个互联网公共体育服务平台"去运动"APP，极大地提升了大型体育场馆的公共服务协同供给能力，吸引了50多万名注册用户，每月活跃比例超过50%，截至2015年6月底，洪山体育中心所属的洪山体育馆提供免费体育服务金额达36万元，英东游泳馆提供免费体育服务金额达110万元，全年健身群众达150万人次①。

4.2.2.2 外包式协同

外包式协同是指由政府确定大型体育场馆公共服务的治理规则，但生产任务交由企业、体育社会组织来完成的结构形式，适用于大型体育场馆资产专用性程度较高、政府能力较弱的状态情形。较高程度的资产专用性意味着大型体育场馆公共服务可转换性差，市场开发空间不足，依靠市场工具所带来的机会主义行为威胁较大，因而更加偏向一体化的组织形式以保证协调适应性，但是，政府又不具备占有优势的生产技术能力，为降低大型体育场公共服务的生产成本，政府可作为委托人将服务承包给服务市场上更具生产效率的企业或者体育社会组织，同时政府保留对服务供给的足够控制力。

外包式协同结构仍是基于政府行政权力的一种结构安排，由政府筹集资金并确定公共服务供给的数量和质量，只是把服务生产责任外包给市场主体或社会主体来完成，具体操作形式有服务外包和管理外包包括：①服务外包是指将大型体育场馆公共服务生产的某一个或几个环节委托给企业或体育社会组织，如大型体育场馆的工程建设基本通过公开招标的方式承包给专业建筑公司施工，或是将大型活动的引进职能外包给专业经纪公司以获取更多大型活动资源，武汉体育中心与湖南壹贰叁文化传播公司签订协议，成为该公司在武汉地区开展大型文艺活动的主要场地。②管理外包是指将大型体育场馆的日常管理性事务委托给具有专业优势和资源优势的专业公司来完成。武汉体育中心归属于武汉市经济技术开发区管委会，建成之初该馆的全部服务性工作和服务保障工作就通过公开招标形式委托给专业物业公司和保安公司实施外包，按照一年一签方式订立外包协议，有效地减少了雇员数量，大大地降低了场馆运营成本。

4.2.2.3 战略式协同

战略式协同是指政府与社会力量建立长期稳定的战略合作关系，共同参与大型体育场馆公共服务的生产和提供，适用于大型体育场馆资产专用性程度较低、政府能力较强的状态情形。资产专用性程度较低表明大型体育场馆转为其他用途

---

① 姚盼．洪山体育中心大型体育场馆运营管理改革的探索之路［EB/OL］. http：//www. hubei. gov. cn/2015change/2015sq/hssq/201508/t20150813_ 703286. shtml，2015 –08 –13/2017 –01 –04.

或被其他使用者重新利用的程度较高，也就是说，大型体育场馆除用于体育赛事之外，通过改造设计和功能调整进行多功能利用的操作空间大、市场经营性强，可采用一定的市场化工具提高激励效应并且不会带来较高的机会主义行为风险，与此同时，负有公共服务责任的政府具有较强的生产技术和组织能力，在这种情形下，政府、市场和社会等多方力量可以联合行动，建构一种制度化、持续性的战略式跨界合作关系，进而实现资源共享和优势互补。

战略式协同相较于外包式协同而言，政府与社会力量的合作伙伴关系更具长期性和制度性，协同的内容可以是共同决策、联合生产或是倡导某项协同行动，表现形式复杂多样，诸如信息网络、公私合作、行动联盟等，主要包括：①信息网络是指政府、市场、社会和公民等多方主体聚集起来分享和交换各自信息和技术，探求大型体育场馆公共服务的最佳生产方案。2011 年，济南奥林匹克体育中心、南京奥林匹克体育中心、深圳大运中心运营管理有限公司、武汉体育中心成立了“体育场馆协议联盟”，各方设置专门人员建立信息沟通交流平台，旨在大型体育场馆的科技创新、制度创新和营销创新[①]。②公私合作（Public Private Partnership，PPP）是战略式协同最为典型的结构形式，是由政府部门与私人企业等共同出资、共同经营、共负盈亏的一种组织结构。诸如国家体育场是我国第一个采取 PPP 模式建设的项目，建设之初是由北京市国有资产经营有限责任公司与中国中信集团联合体共同组建的项目公司负责融资、建设和运营管理，国资公司代表政府出资人给予 58% 的资金支持，中信联合体出资 42%，这是一种资产性联盟。③行动联盟是指政府、事业单位、企业、体育社会组织或是公民个体中的一方或多方基于资源优化组合建立的行动共同体，共同商讨大型体育场馆公共服务生产方案并执行该方案。2012 年北京五棵松体育馆大型演出综合服务战略联盟成立，北京五棵松体育场馆管理公司与北京盛典国际、中京保安、北京春秋永乐文化等多家大型演出活动周边服务公司联合签署了战略联盟协议，旨在通过专业公司的高效合作，提升场馆竞争力。

4.2.2.4　市场式协同

市场式协同是一种准市场协同结构，最大限度地利用市场机制以规避政府生

---

① 訾言．国内首个体育场馆联盟诞生［EB/OL］．http：//news.163.com/11/0321/04/6VL22I3J00014AED.html，2011－03－21/2017－01－10．

产能力的失灵，适用于大型体育场馆资产专用性程度较低、政府能力较弱的状态情形。资产专用性程度较低意味着大型体育场馆公共服务在功能设计上和配套设施上可进行多功能、多业态开发，而且市场经营性较强，运用市场治理工具能够获得较优的激励效应。此时政府生产能力又不占有优势，积极引进在资源、技术和能力要素上占据优势的市场主体承载场馆公共服务的生产任务，这有利于增强场馆经营效益，进而提升大型体育场馆公共服务综合效益。

市场式协同相较于战略式协同而言，以政府与企业之间签订的契约所形成的委托代理关系为内核，更加注重市场主体的经营自主权，表现出鲜明的企业化、竞争性和契约性：①企业化，企业的制度逻辑最为符合市场经济运作的需求，市场式协同对市场机制的引入要求生产主体按照现代企业制度运营和管理，提升市场竞争力。②竞争性，市场式协同强调通过竞争机制挑选具有较优专业能力和生产效率的企业主体负责大型体育场馆公共服务的生产。③契约性，市场式协同着重强调市场机制的利用，但并不是市场对政府的完全替代，政府与市场的协同以协议为载体。政府拟定协议规定所需提供大型体育场馆公共服务的内容和要求，获得合同缔结权的企业根据协议内容履行生产责任，政府部门利用市场交换形式购买企业主体生产的服务，并依照协议所规定的服务数量、质量和支付方式付费。

市场式协同注重利用企业主体的资源优势提升大型体育场馆公共服务生产效率，具体操作形式有委托经营、政府购买等：①委托经营是指拥有大型体育场馆所有权的政府部门通过公开招标形式遴选最具竞争力的专业运营企业，该企业获得场馆经营权，并根据缔结的合同进行市场开发和服务提供，这种协同关系一般是针对场馆经营权建立长期稳定的合作关系。2013 年 1 月，佳兆业文化集团采用 ROT（Renovate - Operate Transfer，改造升级—运营—移交）模式成为深圳大运中心“一场两馆”的总运营商获得 40 年的场馆运营权，随后 3 年时间内举办了 250 余场大型文体活动，累计带动参与的城市居民超过 250 万人次①。②政府购买是指政府通过补助、凭单制等方式向大型体育场馆经营单位购买场馆公共服务。广州市体育局从 2015 年 11 月起依托“群体通”APP 开展政府购买体育场馆公共服务试点工作，通过公开招标方式，选择 300 家社会体育场馆向市民免费、

① 人民网．深圳盐田体育中心全球经营权花落佳兆业［EB/OL］. http：//house. people. com. cn/n/2015/0522/c164220 - 27042409. html，2015 - 05 - 22/2017 - 03 - 22.

优惠开放，入围体育场馆可获得场馆惠民开放补助[①]。

值得一提的是，跨界协同结构形式的分类和选择意在通过对复杂现实的理论抽象，逻辑性地梳理多元治理主体跨越组织功能和边界的结构关系，虽然有助于指导不同情形下协同关系的建设，但是两个变量和四个象限的分析无法真实地描绘现实世界的复杂性，影响主体结构关系的因素也远不止于两个因素，而且很多时候主体之间往往具有两种以上的结构关系，所以本部分所建构的结构框架旨在对跨界利益主体协同结构的选择起到一定的解释作用。

4.3 大型体育场馆公共服务的府际协同

政府组织是大型体育场馆公共服务协同治理的主导方和安排方，府际协同强调纵向的中央政府与地方政府之间、地方各级政府之间以及横向同级政府部门之间的权力配置和协同关系，是有效地促进协同治理的制度基础和组织保障。

4.3.1 纵向府际协同

纵向府际协同是指中央政府与地方政府之间以及省、市、县不同层级地方政府之间的协同结构，本质上这是一种纵向权力配置关系。我国自1994年实行分税制财政管理体制，根据事权与财权相结合的原则，不同级别政府根据所承担事权范围核定相应财政收支范围，各级预算相对独立，中央政府对地方政府通过税收返还和转移支付制度调节不同级次和地区间差异。我国大型体育场馆在产权隶属关系上可分为中央、省、市和县四个层级，作为一级预算单位，相应级别政府对所属大型体育场馆公共服务的提供负有财政责任。目前，我国大多数大型体育场馆归市、县级地方政府所有，事权主要下放到基层地方政府，财政支出责任最大，但财权主要集中在中央和省级政府，而且由于各地经济发展水平不平衡，造成财权较弱的基层地方政府缺乏足够财力保障大型体育场馆公共服务的供给。虽

① 广州市体育局购买社会体育场馆公共服务商资格入围项目［EB/OL］. http：//www. gz. gov. cn/gzgov/gsgg/201602/19c96290c93c4619bae5c7bfab4e9c8a. shtml，2016－02－26/2017－01－11.

然中央财政安排了专项资金用于支持大型体育场馆免费或低收费开放，但与高额运营成本相比，这一财政转移支付无法做到收支平衡，地方政府事权与财权的不匹配导致场馆公共服务配置结构的失衡，因此，纵向府际之间应着重从财权和事权的合理配置上寻求有序协同。

首先，合理界定不同级别政府的管理权限。中央政府主要从制度安排和财政支持方面促进各地大型体育场馆公共服务的提供；省级政府作为中间层，一是结合中央政策和本省实情制定管辖范围内大型体育场馆公共服务供给的相关规则；二是对市、县级场馆公共服务供给问题进行协调和指导；对大多数大型体育场馆具有隶属关系和管理责任的市、县级政府负责具体执行场馆公共服务供给的相关事项，并且加强对供给绩效的测评和督促。

其次，建立大型体育场馆公共服务财政分担机制。大型体育场馆公共服务作为公共体育服务体系的重要构成部分，财政支持是确保其公益性的基础，各级政府以事权为依据对其所属大型体育场馆提供基本公共服务的资金负有本级财政责任。不同级别地方政府根据利益和公平原则可采取税收、使用者付费等方式向场馆服务消费者适当筹集财政资金，并综合利用财政拨款、政府购买和税费优惠等方式给予各大型体育场馆以财力支持。

最后，实现中央政府与地方政府的财政互动。中央政府要进一步加大财政转移支付力度，尤其是面向中、西部欠发达地区的市、县级场馆的转移支付，确保这类场馆获得相对充足的财政拨款用以提供基本公共服务。地方政府在中央财政预算的支持下，要以法规或协定的形式进行财政匹配，特别是省级财政应设立专项补助资金对市、县级场馆进行与中央财政相应比例的财政配套，使中央财政与地方财政互为条件。

4.3.2 横向府际协同

大型体育场馆公共服务是具有外溢性和复杂性的跨部门议题，除体育行政主管部门之外，还牵涉到教育、安全、财政、国土资源、城市规划、工商、税务、价格等多部门，通常需要两个以上政府职能部门的协同合作，才能实现预期的治理目标。多年来，我国大型体育场馆公共服务一直在体育行政部门主导下推进，相关政府部门出于自身职能分工和利益本位，往往缺乏动力来进行协同共治，且部门之间条块分割、各自为政，成为束缚场馆公共服务有效供给的体制性障碍。

因此，需要强化同级政府不同职能部门之间的横向合作与协调，大型体育场馆公共服务的横向府际协同即是指在不改变各职能部门本身权限和结构的前提下追求跨部门边界的协同。

首先，建立整合性的结构体系。在以专业分工为基本属性的科层体系中，各职能部门有着自身的职责分工、部门利益和活动方式，是一种分散化的职权体系，对于体育部门之外的政府部门而言，大型体育场馆公共服务的提供并不属于所界定的核心职责范畴之内，潜在的部门壁垒造成“各自为政”的碎片化治理。横向府际协同需要寻求一种整合性结构统筹促进跨部门的合作和协调，这种整合性结构可采取较为正式的组织形式，诸如联合权力机构、政府委员会等，通过设立一定的行政实体，将原来分散在各政府部门对场馆公共服务事项的相应管理权力进行有效整合，由其专门负责合作事项的统筹协调。以美国为例，为推进《国民身体活动计划》，在政府内部专门成立了联邦机构工作组，包括美国卫生与公共服务部（HHS）、总统体育与运动委员会以及交通、企业、环保、教育等多部门，注重多个部门的联动合作。

其次，健全政府部门协商性机制。化解传统科层体制下部门之间的解离状态，使相关职能部门之间进行资源支持和信息共享，需要建构有效的沟通机制，政府联席会议即为横向府际协同最为普遍和便捷的协商性沟通机制，相关职能部门之间通过会议的形式及时地交流和协商解决相关问题。2016 年，上海市政府专门设立上海市体育设施建设工作联席会议，由副市长负责召集，成员包含体育、发改委、教育、住房城乡建设、国土资源、财政、环保、市容等相关职能部门负责人以及下辖各区副区长，基于联席会议平台可就体育设施服务事项进行交流、协商，并推进相应工作的协同。

最后，注重服务流程的协同。横向府际协同要求改变原有政府部门以职能分工为导向的服务模式，将原先分散在各个职能部门的工作程序集成为一个流程链，并借助信息技术平台实现职能实施的流程化和智能化。以依托大型体育场馆举办群众性体育竞赛活动为例，除需要体育行政部门审批之外，还需要涉及公安、消防、卫生、安全生产监督管理、质量技术监督、工商、税务等部门的审批手续，因此，体育行政部门可采取项目管理方式，针对特定服务事项制定跨部门政务合作方案，设定科学合理的政务流程，并借助自动化措施精简政务的处理步骤，使各项流程有效批转。

4.4 本章小结

大型体育场馆公共服务协同治理的主体结构在于界定多元利益相关主体的权责配置和相互依赖关系：①首先依据公共服务提供与生产理论，将大型体育场馆公共服务利益相关主体划分为安排者、生产者和消费者，认为作为安排者的政府组织具有制度安排、底线服务、协同领导和监督管理的职责，事业单位、企业、体育社会组织等不同类型的生产者在法律地位、组织目标、资金来源和运行机制等方面各有特点，作为消费者的公民需要积极履行对政府决策者的长线责任和对服务生产者的短线责任，包括参与决策、意见表达、信息沟通、表达需求、服务评价、合作生产等。②基于大型体育场馆资产专用性和政府能力两个状态变量确定科层式协同、外包式协同、战略式协同和市场式协同四种跨界协同结构形式的选择。科层式协同强调政府与体育场馆事业单位的分权和法人治理；外包式协同是政府将大型体育场馆公共服务生产责任交由企业、体育社会组织来完成的短期协同；战略式协同是指政府与社会力量建立战略合作关系的全周期协同；市场式协同以委托运营为内核，注重企业化和竞争性。③最后就大型体育场馆公共服务协同秩序中不同层级政府和不同政府部门之间的府际协同结构进行了阐述，认为纵向府际之间应着重从财权和事权的合理配置上寻求不同层级政府的有序协同，横向府际协同应在不改变各政府职能部门本身权限和结构的前提下追求跨政府部门的联动。

第5章 大型体育场馆公共服务协同治理的行为过程

大型体育场馆公共服务协同治理的主体结构只是从较为静态的层面对多元治理主体的权力关系进行描述，然而协同是一种“动态、相互影响与演化的过程”[①]，行为过程则是从动态层面描述多元治理主体的行为方式和协同路径。行为过程的动态属性意味着大型体育场馆公共服务的协同治理并不是一蹴而就的，而是多方主体从自身利益最大化的行为意图中不断地进行利益权衡和行为选择所最终达到的一种均衡稳定状态，这是在一种长期反复的行为博弈过程中演化生成的制度结构，因而大型体育场馆公共服务协同治理的行为过程从微观层次来看是一种演化的行为选择过程，本章则以演化博弈论作为分析工具，深层揭示多方治理主体在协同过程中的行为选择及演化路径。

5.1 大型体育场馆公共服务协同治理行为过程的理论分析

5.1.1 行为过程的协同演化观

哈耶克最初从人类行为的观察模式中解析出建构理性主义和演化理性主义两种思维范式，建构理性主义认为人类的理性是无限的，全知全能的人类能够运用

① Donna J. Wood, Barbara Gray. Toward a Comprehensive theory of collaboration［J］. Journal of Applied Behavioral Science, 1991（27）: 139－162.

理性设计出最优的制度规则。演化理性主义认为知识总是以“分散的、不完全的，甚至是相互冲突的形式存在”，人类在自我理解和认知能力上是有限度的，因此人类更多地基于经验和常识去理解现实世界。哈耶克极为推崇演化理性，认为建构理性存在极大的约束性，因为人类行为和活动过程中总是“充斥和迷漫着下意识、本能和机械化的神经冲动”①，进而指出人类文明秩序是“人之行动而不是人之设计而有机滋生出来的结果”②。在理性认知方面，建构理性对人类智识全知全能的假定并不符合人类生理和心理的现实，在经济行为中，诸多参与主体不可能获取关于交易的所有信息，也并不具备一种超强的计算能力对交易收益进行精准的判断，而且经济社会环境无时不处在一种复杂的、动态的变化当中，演化理性主义对人类理性限度的理解则更为合理，正如西蒙基于人类自身信息的不完全性和计算能力的有限性所提出的“有限理性”假定。但是，有限理性并不是否定理性，并非如社会达尔文主义者所认为的“机械的、功能性的、无意识的适应调整”③，而是适当地强调理性的限度，这种有限理性能以一种“抽象”的工具来弥补人类智识能力的不足，它能够引导主体在他无法充分辨识的复杂环境中追求次优目标。斯密最早认为交易行为是人类所独有的，每个人都是懂得算计的理性个体，他们会出于自利动机进行交易而带来一种互惠结果。哈耶克进一步认为行为，主体主观理解和相互学习的互动过程能够帮助人们加强对事物的认知。诺斯同样出于人的有限理性认知提出行为主体应不断地通过观察、学习和模仿来获取知识以弥补自身理性的不足。

大型体育场馆公共服务协同治理期望多方利益主体建构一种协作性的、联动性的“行为系统”和“构型安排”以降低治理成本和实现预期效益。这种协同秩序的生成并非如建构理性所言完全能由全知全能的专门主体（政府）预先进行最优选择，但也并不完全是一种“无意识”的自然产物，它的形成过程实质上是有限理性主体通过认知进化和行为互动的“有意识演化”过程。大型体育场馆公共服务协同治理过程中涉及政府、企业、体育社会组织乃至公民个人等多方利益相关主体，无论是以组织形式或是个体形式存在的参与者都不是完全理性

① 张谊浩，陈柳钦．“建构”和“进化”理性主义的经济学意义［J］．国家行政学院学报，2005（3）：82－85.

② Andrew Schotter. The Economic Theory of Social Institutions ［J］. American Journal of Sociology，2000，48（4）：28.

③ ［英］彼得·狄肯斯．社会达尔文主义：将进化思想与社会理论联系起来［M］．长春：吉林人民出版社，2005.

的，由于认知能力的约束，在信息不对称的情境下，他们无法获取有关场馆公共服务生产和提供行为中的所有相关信息，对于环境的复杂性也无法完全辨识，从而对是否参与协同以及参与协同能带来多大的效用难以准确地进行最优化计算。但是，这些有着不同偏好、不同资源禀赋和不同效用预期的利益相关主体会根据各自偏好实施动态的、差异化的经济行为，即以寻求自身利益最大化来调整行为决策，出于有限理性的认知，参与者无法完全了解自身所处环境的全部信息以及其他参与者行动决策的全部细节，但在相互交往中，可以了解其他参与主体在进行行动决策时的部分显著特征，并根据已有的部分信息对自己在各种可能情形下的损益进行判定，通常被认为相对有利的策略会被学习和模仿。某一参与主体的选择会影响甚至决定其他主体下一步的行为选择，所有参与方根据其他主体行为的主观认知形成自己的行为决策，当这些决策趋于稳定之时，就会形成特定的行动秩序。也就是说，多方治理主体在进行行为决策时，某一主体的协同行为带来收益，其他主体就会根据这一信息去观察和衡量潜在的盈利机会，并会学习和模仿这种协同行为策略，当协同策略呈现稳定状态时，协同治理的构型安排即刻生成。

因此，出于演化理性的视角，大型体育场馆公共服务协同治理的行为过程实为有限理性的多方利益相关主体基于不同行为策略的价值权衡和学习模仿的协同演化过程，协同秩序的达成是互动的、内生的，不是外生设定的，也并非最优化选择的结果。

5.1.2　协同行为与运行机制

基于演化理性所理解的大型体育场馆公共服务协同治理行为过程是一个动态的、累进的协同演化过程，多元利益相关主体的行为选择和行动路径始终处于一种动态的互动趋势当中，协同秩序能否建立并有效运作取决于所有参与方的一致行动。因此，这一行为过程是由一系列前后递进的协同行为以及保障这一过程持续推进的运行机制所构成的。

5.1.2.1　协同行为

大型体育场馆公共服务协同治理的行为过程犹如一个“黑箱”，可将这一过程进行阶段划分，通过明确各个阶段相对应的主要行为内容以及彼此之间的相互关系，从而使较为复杂、多样的协同行为得以全面地呈现。关于协同行为过程的阶段划分，诸多学者有着不同的见解，Lowndes 和 Skelcher 依照生命周期将协同过程划分为准伙伴关系、创制和巩固、项目递送、终结和继承四个阶段①；Ring 和 Ven 从互动关系的视角将协同行为过程视为由协商、承诺和实施三个重复交叠的环节组成的环形演化过程，每一个环节都是建立在对公平和效率的价值评估基础之上的②；Ansell 和 Gash 从沟通与共享层面将协同过程设计为由面对面对话、建立信任、达成承诺、共享目标和中期成果五个部分组成的环形③。以上阶段划分的角度和内容虽有所不同，但都十分注重协同行为的演化逻辑和参与主体的互动关系。为便于理解大型体育场馆公共服务协同治理行为内容的演进性和动态性，此处以生命周期的演化进程为基本框架，按照初始、发展、稳定和终结四个演化阶段描绘利益相关主体从多元分散走向协同共治的行为内容和演化进路。

初始阶段是指大型体育场馆公共服务协同治理行动的发起和动员时期，协同行为主要包括识别环境、动员力量和投入资源。首先，政府部门、体育社会组织及运营企业等利益相关主体需要充分了解所涉大型体育场馆公共服务生产和提供的相关信息，包括当前所面临的市场环境、政策框架、民众的服务需求以及大型体育场馆物理属性等，相关主体依此对参与治理大型体育场馆服务的现存问题和未来前景做出判断，并对联合行动形成初步意向。但是，多元利益主体由于利害关系及对预期损益判断的不同，对参与协同行动的主动程度和投入程度是不一致的，此时体育行政主管部门应积极充当发起者角色激发各界力量的协同意愿，动员具有特定知识、技能和资源的潜在生产主体参与到场馆服务集体行动中来。这一阶段，在于通过各种信息传播途径和优惠政策来吸引更多社会主体的关注，并寻求资金和资源投入，使潜在参与者意识到协同行为的超额收益，增强协同动机。

发展阶段是在多方利益主体就大型体育场馆公共服务协同行动达成初步意向的基础上架构运行框架，包括协商对话、达成共识、确立目标并对未来行动建立承诺等，使协同行动正式化和规范化。政府主管部门、场馆事业单位、体育社会

① Lowndes, V. and Skelcher, C. The Dynamics of Multiorganizational Partnerships: An Analysis of Changing Modes of Governance [J]. Public Administration, 1998, 76 (2): 321.

② Peter Smith Ring, Andrew H. van de Ven. Developmental Processes of Cooperative Inter – Organizational Relationships [J]. The Academy of Management Review, 1994, 19 (1): 90 – 118.

③ C. Ansell, Alison Gash. Collaborative Governance in Theory and Practice [J]. Journal of Public Administration Research and Theory, 2008, 18 (4): 543 – 571.

组织、企业等具有协同意愿的治理主体通过正式的面对面商谈和非正式的信息交流对大型体育场馆公共服务生产和提供的相关议题、预期目标、可能的投入以及不确定性等进行沟通和谈判，以期取得共识和信任。参与协同的治理主体进而基于共识对未来协同行动的责任和义务达成协议，他们通过正式的契约合同或非正式的心理合约对协同行为建立承诺，议题目标、协同规则和程序、组织结构、财务机制以及风险解决方案等都应考虑在内。在这一阶段，参与者之间的互动显得十分重要，他们需要通过各种正式的或非正式的沟通平台共享信息以弥补自身认知能力的不足和信息的不充分，并就各自的利益目标和行动规则达成共识。

稳定阶段是指多元治理主体通过执行协同协议兑现承诺，促使协同格局趋于成熟和稳定。参与者采取协同行为，其动机在于获取预期利益，如果协同各方能够从中获益，就会继续执行或者扩展承诺，如果无法实现互惠，就会调整行为甚至终止承诺，因此，参与者以及潜在利益相关者会根据中期成果进行行为变更和调适。在大型体育场馆公共服务的协同治理进程中，利益相关主体都会根据参与治理场馆服务的投入和回报对下一步行动和投入进行策略调整，如果参与者在协同过程中已经取得一些回报，得到确实的利益，就将会为协同过程注入动力，进一步强化协同参与者的热情和信任。而更多潜在利益相关者通过学习和模仿既得利益者的行为策略，进而增强其加入协同进程的行为动机，这就使协同治理成为一种稳定的格局得以持续甚至扩展，并促进共同愿景的实现。这一阶段的中期成果对各参与方的激励效应直接决定协同行动的最终成败，因为各主体之所以参与协同行动就是建立在共享利益的愿景之上，中期成果会降低参与者对协同行为前景预测的不确定性，从而成为诱因，也使参与者更加信赖这种协同关系。

终结阶段的主要行为内容包括评估与问责，是对一定周期内协同过程和结果的总结与反馈，并成为下一个协同周期的决策依据。大型体育场馆公共服务协同治理的目的在于提升服务绩效和实现各自利益目标，组织服务使用者和利益相关方对场馆服务治理绩效进行评估，检视协同目标的实现程度和参与各方的满意度，了解协同关系是否达到了预期效益，从而决定是否继续或者终止协同行动。若预期目标得以完成，协同参与者实现互惠共赢，这种协同行动将会进入良性循环，原行动承诺和组织形式除因目标完成解散外，也可确立新的目标和任务继续维持协同形式。如果未能有效地实现预期目标或者是协同参与者没有获得预期收益，此时应根据评估结果诊断问题症结所在并追究相关责任。对于协同行动的问责应基于“利益共享、责任共担”的原则建立一种商议式问责机制，注重协同行动中伙伴关系的建立和维护，防范对抗性关系的冲击，而后参与方可通过协商谈判重新修订或确立新的目标和承诺，若该协同议题已无继续推进的可能，则可选择终止。

大型体育场馆公共服务协同治理的行为演化过程由这一整套按照重复序列方式发生的行为阶段组成，且这四个阶段是一个连续的过程，但是一个阶段的开始并不必然意味着上一个阶段的结束，它们不断反复且相互影响，每一个阶段持续时间的长短往往由参与者的价值判断和行为策略而定，当参与者基于有限理性认知认为协同行为有利可图时，就会执行和维续协同策略，当认为协同行为无利可图时，其协同进程就会受到阻滞。

5.1.2.2 运行机制

大型体育场馆公共服务协同治理行为过程是由多元参与主体的一系列协同行为演化建构的，为了获取预期的协同效应，还必须有一整套相应的运行机制确保协同行为能够有序运转。多元主体的广泛参与、平等顺畅的对话协商、恰当的利益分配和有力的行动整合是促进协同行为持续推进的程序保障，因而社会参与机制、信息共享机制、利益协调机制和行动整合机制是协同治理行为过程的重要运行机制。

（1）社会参与机制。行为过程的首要环节就是所有利益相关主体都能有意愿和渠道进入协同进程中，并成为大型体育场馆公共服务协同治理主体。各级政府主管部门作为传统治理主体在协同行为中往往扮演着主导者和发起者的角色，企业、体育社会组织和公民等各类社会力量则属于相对弱势的局外人，社会参与机制就是通过特定的规则和程序设计打破既往的行政壁垒，促使各类社会主体能够进入大型体育场馆公共服务场域中履行协同行为。首先，从法律和政策层面确立社会主体参与大型体育场馆公共服务治理的权利并对这些权利予以保障，使之所采取的协同治理行为具有合法性。其次，为社会主体的参与提供多样化的参与方式和平台，例如积极推行政府购买公共体育服务办法，鼓励社会力量举办的大型体育场馆向社会开放；体育场馆运营企业、体育社会组织通过委托运营、公私合作的方式参与场馆服务的生产和提供；公民个人可以通过志愿服务、绩效评价的方式参与场馆服务的决策和生产活动。最后，建立明确的、清晰的参与程序和

操作规则，令社会主体按照规范流程公平、公正、公开地参与协同过程。

（2）信息共享机制。各行动主体的行为选择是基于预期收益、治理成本和协同能力的主观判断，而这种主观认知往往主要参照其他主体的行为信息。因此，信息共享在大型体育场馆公共服务协同治理行为过程中占据重要地位，各参与方利用各种正式和非正式的信息共享机制进行对话、商讨、谈判和沟通，通过信息交流和行为互动，从而建立信任、达成共识和一致行动。信息共享的核心要求就是作为主导方的政府部门以及大型体育场馆经营单位在安排和提供大型体育场馆公共服务过程中的各类信息，企业主体和体育社会组织自身的组织和管理资源信息以及公民个体的需求和消费信息等能够实现充分地互通和交流，其信息共享平台的建立就显得至关重要。利用信息和通信技术建立电子化信息共享平台能够极大地拓宽信息共享的广度和深度，例如，湖北省所建构的“去运动”APP就是国内首家移动互联网体育公共服务平台，借助移动互联网技术将政府、运营企业和各大中型体育场馆所具有的体育场馆公共服务信息集成在网络平台上，从而有效提升了信息共享效率，推动了协同进程。协同治理行为过程的持续推进还需要设立各种正式和非正式的信息共享渠道以保证参与主体能够及时地、便捷地进行信息交流，包括会议、论坛、座谈等多样化形式。

（3）利益协调机制。具有不同利益偏好的利益相关主体之所以选择协同行为的最根本动机在于期望协同行动能够实现自身的利益目标，通过科学合理的利益协调机制使得在追求公共利益的政府主体与追求私人利益的社会主体之间取得平衡，是大型体育场馆公共服务协同治理进程持续运转的根基。利益的协调需要通过顺畅的利益诉求、公平的利益补偿和合理的利益分配来实现，利益协调机制的有效运行也就需要从这几个方面展开：一是要让政府、体育场馆事业单位、企业、体育社会组织和公民等利益相关主体的利益诉求得到合理、顺畅的表达，诸如设立理事会吸纳相关利益主体进行集体决策，建立投诉管道使作为消费者的公民群体能够充分表达意愿；二是政府要对承担大型体育场馆公共服务治理责任的社会主体提供适当的利益补偿，这是由大型体育场馆公共服务的公益性和外部性所决定的，利益补偿的范围、对象、标准和方式等要通过科学计算和多方协商以达到协同行动的激励目的；三是经济利益的额度分配要充分考虑各方主体资源投入的专用性和重要性程度，当一方主体所投入的专用性资产越多，稀缺性越强，就应给予更高比例的利益分配，这是防范机会主义行为和促进协同行为的重要激励机制。

（4）行动整合机制。多方利益主体在大型体育场馆公共服务协同治理进程中采取一致的协同行为除遵循共同利益导向之外，还需要权威主体强制性地规避机会主义行为的发生，行动整合机制就在于探求行为主体的共享目标和建立压力性的评估问责机制。共享目标就是令各参与主体在不同利益偏好之上寻求共同的利益愿景以实现互惠共赢，从而主动地采取协同行为，这需要参与方在整个行动过程中持续性地进行磋商和谈判，就共同目标达成协议。压力性的评估问责机制就是通过职能部门对参与方所采取的行为和结果进行考评、奖惩和问责，从而使行动主体被动性地采取协同行为。例如，深圳市政府 2013 年将深圳大运中心委托给佳兆业公司运营管理之后，每年都会组织对总运营商的绩效评估和公众满意度测评，同时将考核结果与奖励相挂钩，甚至成立了由体育、旅游、发改委、财政、公安、交通等相关职能部门组成的监管协调机构，这些作为行动整合机制将会促使各参与方积极开展协同。

5.1.3 行为选择的影响因素

大型体育场馆公共服务协同治理的行为过程界定为利益相关主体的行为选择和互动演化过程，参与主体的行为选择则受到对协同行为主观认知的影响，正如前文所言，大型体育场馆资产专用性程度是协同治理安排的关键动因，参与主体对协同损益的主观认知同样受到资产专用性程度的影响。大型体育场馆公共服务的资产专用性是指大型体育场馆一旦建成后，除用于体育服务之外很难再转为他用，投资者不可能在不牺牲生产价值的条件下改变其用途，若改为他用，投入该资产的耐久性投资就会贬值。这种资产转作他用时所产生价值贬值的程度决定着人们之间的相互依赖程度，专用性投资较少的一方有可能对专用性投资较高的另一方进行权益掠夺，通过“敲竹杠”的机会主义行为来增加自己的权益，此时专用性投资较高的一方就面临着较高的权益损失，资产专用性程度越高，采取机会主义行为获取短期利益的行为动机就会越强，由此可见，资产专用性程度的高低最终会对交易主体的行为选择产生影响。为便于分析资产专用性程度对大型体育场馆公共服务多元利益主体行为选择的影响，特将此变量转化为对行为动机有更为直接关联的预期收益、治理成本和协同能力三个可操作性变量。

5.1.3.1 预期收益

预期收益是多元利益相关主体对采取协同行为、参与协同行动有可能获得收益的预期，作为有限理性的当事人，各行为者希望通过参与协同行动能给自身带来利益，协同动机的强弱取决于他们对协同行为收益的预估值，预期收益又与参与主体所占据的剩余索取权相关。体育行政主管部门、大型体育场馆事业单位、社会团体、企业以及公民个体皆是大型体育场馆公共服务协同治理过程中潜在的参与主体，他们有着各自的利益偏好。体育行政主管部门是公共利益的代表者，但是由于财力、人力和能力的不足，无法单独克服大型体育场馆公共服务治理过程中存在的困境，从而需要相关职能部门的协作以及企业和社团等社会力量的协同，以此促进社会福利最大化。企业和社会组织等参与方基于自身组织构架和目标定位，期望通过参与大型体育场馆公共服务的投资和运营，获取利润和社会声誉。他们都期望在协同进程中能够获取与自身所投专用性资产相匹配的剩余索取权，一旦他们预见到彼此之间的协同能够带来相较于独自行动或采取机会主义行为时更高的收益，就会积极参与到协同进程中来，预期收益值越高，协同行为动机就会越强烈。

预期收益是影响协同关系演化路径的关键变量，但有限理性的参与主体预见的依据并不是最优化算法，他们没有充分的决策信息和超凡的计算能力在当前时点上对未来的行动策略做出最优选择，而是基于对其他行为者行动策略的学习和模仿进行动态化的行为选择。参与者观察和衡量其他参与者的行动规则和损益变化，当所解析的行动信息显示协同行为带来的获利机会越大时，他们对预期收益的期望值就会越高，也就更倾向于采取协同策略融入协同行动中。无论是初始阶段的环境识别和动员力量、发展阶段的协商谈判和建立承诺，还是稳定阶段的中期成果以及终结阶段的评估问责，大型体育场馆公共服务的协同过程始终伴随着对预期收益的价值判断，只有令各参与方认识到协同行为能够带来比单独行动和采取机会主义行为时更高的收益，其协同过程才可能持续推进。

5.1.3.2 治理成本

各参与者以期采取协同行为获得利益之时，必然需要耗费一定的治理成本用于开发和维持协同过程，治理成本的高低同样是影响协同进程的重要变量。当参与方采取协同行为的成本过高甚至超过所获收益时，他的协同意愿必然降低，协同进程就会受到阻碍甚至停滞，当治理成本少于预期收益，协同行动的成功概率才会提升。在大型体育场馆公共服务的协同过程中，治理成本可能会沦为沉没成本成为参与者进行协同的阻碍，所以行为主体在采取行动之前，需要考虑为此投入的成本所承载的风险。根据资产专用性理论所述，沉没成本和交易成本与资产专用性有关，大型体育场馆资产专用性程度的高低决定着治理成本沦为沉没成本的风险高低。

大型体育场馆资产专用性所涉及的就是参与者在大型体育场馆公共服务生产设备、资源上的投入被重新配置到其他生产用途上的程度问题，这些投入既包括场馆建筑、器材设施、人力资源等有形资产，也包括各参与者投入到协同关系中的品牌、声誉、承诺等无形资产。大型体育场馆公共服务的协同治理实质是一项交易活动，各行为者参与其中，在投入特定资源之后就会形成一种依赖关系，专用性投资较强一方就有可能受到较弱一方的机会主义行为威胁并带来损失。大型体育场馆资产专用性程度越高，某一参与者意欲加入协同关系所面临的机会主义行为威胁就会越高，此时缔结协同行动的治理成本也就可能越高。因此，潜在参与者在进行行为决策时，会对所投资源的资产专用性程度进行估算和评价，以衡量为此有可能支付的治理成本。

5.1.3.3 协同能力

协同能力是针对协同行为而言的，是指协同过程中各参与主体采取协同行为时所能投入的知识、技能和资源。政府、企业、社会等各参与方在目标定位、组织架构、历史条件等方面千差万别，它们之所以选择参与协同治理，根由就在于参与者之间拥有促进彼此利益目标实现所必需的能力和资源，政府部门需要引入社会主体先进的管理和技术能力以提高治理效率，社会主体则要依靠政府部门提供的投资机会与组织能力以获取再生产的空间。如果多元主体之间对彼此能力的依赖程度高，各方采取机会主义行为的动机就会降低，采取协同行为的意愿则更强；反之相互依赖程度低，就容易走向分散，可见，多元主体之间协同能力的相互依赖程度也是影响协同行为过程的重要变量。

参与主体之间的能力依赖程度是有差异的，这取决于它们所持有的协同能力和资源对协同行动的重要程度。若某参与方的协同能力和资源在协同行动中占据优势，即其他行为主体更为依赖该项能力和资源，其对其他主体的能力和资源的依赖程度却相对较弱，那么这一参与方对协同行为就具备较强控制力，甚至可以不受协同行为的约束采取机会主义行为或是独自行动，此时协同进程就会面临分崩离析。若某些参与方并没有足够的能力和资源参与协同，或者在协同中处于劣势地位，该参与方对其他参与者能力和资源的依赖程度相对较强，此时容易被占优势一方操控，失去话语权，最终导致协同行动的失败。只有当各参与方所持有的能力和资源相当，彼此之间依赖程度高，大型体育场馆公共服务的协同进程才会更顺畅。所以，各参与主体协同能力的重要程度决定彼此之间的依赖程度，最终影响参与主体的行为选择。

综上所述，大型体育场馆公共服务协同治理的行为过程遵循着协同演化的生成逻辑，是由参与主体的行为互动有机滋生出来的，而不是完全理性的设计产物。这一协同过程经历着自初始、发展、稳定到终结四个演化发展阶段，其间包含着识别环境、动员力量、资源投入、协商谈判、建立承诺、执行承诺、评估问责等一系列协同行为，并且有着社会参与机制、信息共享机制、利益协调机制和行动整合机制等促进协同行为持续进行的运行机制。而在整个演化发展的过程中，各参与方的行为选择经常受到预期收益、治理成本和协同能力等关键变量的影响，进而决定着协同过程的演化路径。

5.2 大型体育场馆公共服务协同治理行为过程的分析工具

协同演化视角下的大型体育场馆公共服务协同治理的行为过程是多方治理主体争相学习和选择协同行为策略的动态演化过程，青木昌彦认为“制度是关于共有信念的自我维系系统，实质是对博弈均衡的浓缩性表征”[①]，这一动态演化过程实质也就是多方主体关于协同行为策略选择的演化博弈过程，最终的一致行动即为博弈均衡。将有限理性认知与博弈论有机结合的演化博弈论能够运用较为精准的模型来推导博弈均衡的出现和人们在具有交互影响和依赖关系下的行为选择，以这一研究工具为分析范式能够展现大型体育场馆公共服务协同治理行为过程的动态演化趋势和参与主体进行策略选择的博弈行为。

① ［日］青木昌彦．比较制度分析［M］．上海：上海远东出版社，2001.

5.2.1 演化博弈论的基本结构

演化博弈论是把经典博弈论和生物学界的演化模型结合起来的一种理论，20世纪70年代，生物学家尝试将经济学中经典博弈的策略互动思想用于分析生物竞争演化规律，并对经典博弈论进行改造，以演化稳定均衡（Evolutionary Stable Equilibrium）和复制者动态模型（Replicator Dynamic）为基本框架的演化博弈理论正式形成，用以阐明演化博弈的均衡状态及向这种均衡状态的动态收敛过程①。20世纪90年代后，经济学家反过来又将演化博弈理论运用到经济分析当中，其在解释规范、制度和机制的演化过程上具有卓越表现，演化博弈论随即成为有力的制度分析工具被广泛应用于经济学和管理学领域。

5.2.1.1 演化稳定均衡

演化博弈有着自身特定的分析结构和规则，相较于经典博弈，演化博弈以有限理性为人性假设分析博弈者的博弈均衡问题，认为博弈主体的知识和能力是有限度的，无法通过最优化算法立即找到最优行为策略，但是，能够凭借有限的理性认知根据某种信息传递机制学习具有相对优势（收益高）的策略以实现自身利益。因此，演化博弈下的均衡不是一次性选择的结果，而是通过一段时间的策略调整得以达成，从而能够较好地诠释博弈均衡实现的动态过程。

演化博弈的均衡是一种演化稳定均衡，演化稳定均衡是对传统纳什均衡的精炼。传统纳什均衡是指一种策略组合，这个策略组合是博弈参与者基于完全理性的最优反应，但是，这种理性假定经常遭遇现实的抨击。演化稳定均衡则是以有限理性为基础、现实描述性更强的均衡概念，是对均衡稳定性的分析而非求得均衡解。也就是在演化博弈的过程中，有限理性的博弈主体一开始往往找不到最优行为策略，而是积累关于各种行为策略采用时的相关信息不断地修正和改进行为策略并最终趋近于一种稳定状态，此时所有博弈方都倾向于选择某个行为策略，即为演化稳定策略（Evolutionarily Stable Strategy，ESS），这一概念由 Maynard Smith 和 Price 首创。

演化稳定策略表征演化博弈的均衡稳定状态，是指群体中绝大多数个体都选

① ［瑞典］乔根·威布尔．演化博弈论［M］．上海：上海人民出版社，2006.

择实施某个现存行为策略，此时有一小部分个体采用某个另外的变异策略，如果对于变异策略存在一个正的入侵障碍，使当变异策略的概率低于这个障碍时，现存策略所获得收益比变异策略高，那么这一现存策略就是演化稳定策略。假设 A 为策略集，现存策略 $x \in A$，变异策略 $y \in A$，$\overline{\varepsilon_y}$为入侵壁垒，ε 表示变异策略被采用的概率，$1-\varepsilon$ 表示现存策略被采用的概率，现存策略的期望收益为 $u(x, w)$，变异策略的期望收益为 $u(y, w)$，$w=\varepsilon y+(1-\varepsilon)x$。如果对任何策略 $y \neq x$，存在某个$\overline{\varepsilon_y} \in (0, 1)$对于任意 $\varepsilon \in (0, \overline{\varepsilon_y})$，不等式（5－1）恒成立，那么 $x \in A$ 就是一个演化稳定策略。演化稳定策略具有一定稳健性，不仅能够获得比其他策略更高收益，而且能够抵抗任何变异的干扰。

$$u[x, \varepsilon y+(1-\varepsilon)x] > u[y, \varepsilon y+(1-\varepsilon)x] \tag{5-1}$$

5.2.1.2　复制者动态模型

"演化"是生物进化论中的基本概念，认为这是一个综合了变异和选择两种机制的动态过程，变异机制产生多样化，选择机制是在多样化中进行筛选，演化博弈论汲取这一思想用以描述博弈均衡的演化过程，主要包括变异机制和选择机制两项要素。变异机制是指在既定策略空间中个体策略的随机变动，演化稳定策略通过引入变异机制，主要考虑变异策略对均衡稳定性的影响，虽能揭示动态过程趋于稳定的条件，但仍是一个静态的均衡概念，无法建构动态过程本身。选择机制是指行为策略的决定过程，这种选择过程与生物遗传的复制过程相一致，复制者动态显示的就是演化系统趋于稳定的动态过程，基本原理是选择某策略的个体期望收益与群体平均收益的差值决定该策略被采用的频率，能较好地描述有限理性个体的策略行为和向均衡状态演化、收敛的过程。

复制者动态模型是"一种典型的基于选择机制的确定性和非线性的演化博弈模型"①，实为特定策略在群体中被采用频率的动态方程，包括差分方程和微分方程，由于差分方程建模的离散模型难以计算和求解，通常采用连续的微分方程来建模。Taylor 和 Jonker 所建构的复制者动态方程形式为式（5－2），s 表示纯策略集，在某时刻 t，$u(s_i, x)$ 表示群体中选择纯策略 s_i 的个体所得到的期望收益，$u(x, x)$ 表示群体平均收益，x_i 是指选择纯策略 i 的人数在群体中所占的比

① 黄凯南．演化博弈与演化经济学［J］．经济研究，2009（3）：132－145.

例，$\frac{dx_i}{dt}$是指 x_i 对时间 t 的导数。如式（5－2）所示，当选择纯策略 s_i 的个体所得到的期望收益高于群体平均收益时，选择纯策略 s_i 的个体数量将会增加；当选择纯策略 s_i 的个体所得到的期望收益低于群体平均收益时，选择纯策略 s_i 的个体数量将会减少；当选择纯策略 s_i 的个体所得到的期望收益等于群体平均收益时，选择纯策略 s_i 的个体数量保持不变。

$$\frac{dx_i}{dt}=x_i[u(s_i, x)-u(x, x)] \tag{5-2}$$

以上演化稳定策略和复制者动态模型的基本定义都有着比较严格的条件限制，学者们在此基础上不断进行修正和拓展，如 Foster 和 Young（1990）提出以随机稳定均衡（Stochastically Stable Equilibrium，SSE）来代替演化稳定均衡，Selten（1980）则在单群体复制动态方程基础上引申出多群体复制动态方程。随着演化博弈论的深入发展，这一最初用于刻画生物演化过程的理论逐步被运用到规则生成过程的分析当中，它能够为描述行为演化过程中行为主体之间的策略互动和演变提供合适的形式化模型。

5.2.2 演化博弈与大型体育场馆公共服务协同治理行为过程的契合性

演化观下的大型体育场馆公共服务协同治理行为过程实为有限理性的多元治理主体基于协同行为的损益判断而不断进行行为调整并最终趋近一致行动的动态演化过程。演化博弈理论把参与主体的有限理性和行为互动都纳入分析模型当中，利用演化稳定策略和复制者动态模型展现行为演化的均衡状态及向均衡状态收敛的动态过程，这一分析工具的解释逻辑与上述行为过程的演化机理具有较强契合性，各行为主体皆为符合有限理性假设的博弈局中人，协同行为作为一种行为策略被参与主体采用的频率分布即为复制者动态，当协同行为策略成为策略集中期望收益较高的策略被越来越多的参与方采用时就会成为演化稳定策略，协同治理行动则为多方治理主体反复博弈后逐步建立起来的演化稳定均衡。因此，以演化博弈为分析工具能够展现和验证协同治理行为过程的演进性和动态性。

5.2.2.1 多元治理主体的有限理性

演化博弈首先假定博弈方的有限理性，认为环境的复杂性、信息的不完全性

以及人类计算能力和认知能力的局限性使传统博弈论中对人类全知全能“完全理性”的设定在现实中难以满足，在大型体育场馆公共服务协同治理行为过程中，多元主体对协同行为策略的选择同样是受到有限理性的约束，具体可从以下两个层面予以理解：①理性有限，有限理性相较于完全理性而言，强调人类理性是有限的和不完全的。大型体育场馆公共服务治理端的参与主体主要涉及政府主管部门、场馆事业单位、企业组织、社会组织以及公民等多元主体，无论是组织形式还是个体形式，在进行行为决策时都是由人在具体执行，而人由于生理的和心理的限制，不可能无所不知，在计算能力和认知能力上都是有限的，他们难以在一瞬间预知未来有可能存在的全部风险以及各种策略的全部结果。加之，这些主体所面临的是一个复杂的、不确定的外部环境，大型体育场馆功能和种类纷繁多样、属性不一，市场环境和消费需求瞬息万变，各行为主体资源禀赋、利益偏好又各不相同。多元治理主体在认知能力上的有限性和信息的不完全性都决定了其在行为决策上难以做到全知全能。因此，大型体育场馆公共服务协同行为演化分析的首要前提就是建立在多元参与主体有限理性和信息不完全的假设之上。②自身利益最大化。有限理性是指介于完全理性和非理性之间的一种有限度的理性，并不完全否定理性，各参与方的行为动机仍是合乎理性的，即在行为策略上采取最符合自身利益的行动，只是有限理性下的利益最大化不能依靠最优化计算，而是在交互环境中通过不断地观察、积累、学习和创新来实现。大型体育场馆公共服务的利益相关主体虽然不能对治理过程中所有行为策略的预期收益立即获得最优结果，但是仍在自身利益最大化的行为意图下，通过试验、学习和模仿来寻找收益较高的策略，最终达到一种次优状态。多元治理主体有着不同的利益偏好和行为导向，利益最大化不仅表现为追求经济效益最大化，也包含社会效益最大化，利益次优状态的达成需要一个长期的调整过程，这也是各参与主体有可能抑制机会主义行为而选择采取协同行为的原因所在。

5.2.2.2　复制者动态与行为选择

演化博弈引入生物演化论中的选择机制建构复制者动态模型用以解释演化系统趋于稳定的动态过程，如前文所述，复制者动态是指使用某一纯策略的人数所占比例的增长率，这一增长率等于个体采用该策略时所获期望收益与群体平均收益之差。在经典的博弈中，假设完全理性的参与人能够凭借无限的计算能力和全面的信息迅速计算出所有策略的可得收益并选择最优策略，但在演化博弈框架下，有限理性的博弈方无法获取博弈环境的全部信息并进行最优化结果的计算，而是参与人通过汲取其他参与方在行动决策时所采取策略规则的部分显著特征、媒体舆论信息等来完善自身的理性认知，进而识别具有相对优势的行为策略，此时该行为策略会被学习和模仿，其策略频率得以提升。利用复制者动态模型，通过观察策略频率的分布动态可以解释博弈方的行为互动对大型体育场馆公共服务协同治理行为演化的决定性作用，而策略频率的变动取决于各参与方对优势策略信息的分析和学习，这其中包含各博弈方对自身协同行动效用的预估值，参与治理大型体育场馆公共服务需要支付的成本，参与主体彼此之间对各自投入的知识、技能和资源的依赖程度等多重要素的判断。因此，预期收益、治理成本和协同能力等影响变量对策略转换和频率分布具有关键影响。

5.2.2.3　演化稳定均衡与协同治理

演化博弈工具最突出的功能优势之一就在于引入生物演化中的变异机制将传统的纳什均衡精炼为演化稳定均衡，演化稳定均衡是一种演化博弈均衡，博弈方虽然由于理性受限无法依赖一次性的精确计算达到纳什均衡，但是仍以自身利益最大化为行为动机来不断地调整行为策略选择，经过一段时间对收益值较高策略的模仿和调整，所有博弈方最后都趋近于选择演化稳定策略，最终达到一种演化博弈均衡。从微观层次来看，大型体育场馆公共服务协同治理的一致行动是以自身利益最大化为行为意图的多元治理主体反复博弈后逐步建立起来的一种演化稳定均衡，假设作为博弈方的治理主体有两种可供选择的行动策略集，即协同策略和不协同策略，有限理性的治理主体无法精确地预测最优行为策略，而是通过观察和了解其他参与人在行动决策时可能采用的行为策略作为决策依据，当协同策略被认为具有较高期望收益的行为策略而被所有参与人共同遵守时，一种均衡稳定状态从而达成，协同治理作为博弈均衡的概要表征即刻内生出来。

总而言之，演化博弈论的理论假设和基本结构与大型体育场馆公共服务协同治理行为过程中的行为选择模式高度契合，把多元治理主体的行为选择视为策略互动，一致行动则是最终的均衡稳定状态，以此为分析工具，利用数学模型有利于验证多元治理主体的行为互动和选择机制。

5.3　大型体育场馆公共服务协同治理行为过程的案例检验

演化博弈框架下的大型体育场馆公共服务协同治理行为过程表现为多元治理主体基于有限理性和行为选择而逐步向均衡稳定状态趋近的动态收敛过程，为了检验这一理论分析的合理性，进而以“深圳大运中心委托运营”这一大型体育场馆公共服务协同治理案例为分析对象，检验协同治理行为过程中多元参与主体的行为选择路径。

5.3.1　案例描述

深圳大运中心位于深圳市东北部，距离市中心约30千米，是2011年第26届世界大学生夏季运动会的主场馆区，包括主体育场、主体育馆、游泳馆等体育设施，总占地面积52.05万平方米，总建筑面积29万平方米，总投资约45亿元人民币，是深圳市地标性建筑①。赛后最初每年6000万元的维护成本使其一直处于亏损状态，成为深圳市政府的沉重负担，2013年1月，深圳市龙岗区政府采用修建—运营—移交（ROT）模式，将大运中心一场两馆及周边商业配套长达40年的运营管理权限委托给深圳佳兆业集团以总运营商的身份进行运营管理，以期破解赛后场馆持续亏损的难题。据相关资料显示，自佳兆业公司接管大运中心3年时间内，约举办了250余场大型文艺、体育赛事和公益活动，吸引了250万人次参与体育健身休闲②。这种国有大型体育场馆委托企业作为总运营商的ROT模式成为我国大型体育场馆公共服务协同治理的典范。

① 佳兆业文化体育深圳有限公司．深圳大运中心简介［EB/OL］. http：//www. szdyzx. com/about. aspx，2017－06－15.

② 人民网．深圳盐田体育中心全球经营权花落佳兆业［EB/OL］. http：//house. people. com. cn/n/2015/0522/c164220－27042409. html，2015－05－22/2017－03－22.

5.3.1.1 有限理性的多元治理主体

深圳大运中心ROT的协同治理模式是指龙岗区政府将政府投资建成的大运场馆运营权交给佳兆业公司，佳兆业公司获得运营管理权限后负责对既有设施的投资修建和场馆项目的专业运营，期限届满后再将全部设施移交给政府部门。在此运行框架中，主要涉及深圳市龙岗区政府和佳兆业公司两方主体，这两类主体有着不同利益偏好和资源禀赋，但是都期待通过场馆的高效利用和经营以实现自身利益目标。

深圳市龙岗区政府是深圳大运中心委托运营项目的安排方，作为公共利益的维护者，主要职责就是通过制度安排、资金投入和运营监管等来保障大型体育场馆公益性的兑现。①制度安排，龙岗区政府积极部署ROT模式的组织和规划工作，以期引入具有最优管理资源优势的运营主体，包括对总运营商边界条件、选聘流程和推介方式进行科学编制。为了保证大运中心公共服务的提供，在ROT协议中对运营商职责、财政补贴、场馆服务标准和内容进行了规定。②资金投入，龙岗区政府允诺前5年政府给予每年不超过3000万元的财政补贴用以扶持总运营商提供优质的赛事和公益活动，并与佳兆业项目公司共同设立调蓄基金，从运营利润中提取资金用于场馆日常维护和增加赛事、公益等大型活动数量。③运营监管，建立运营绩效考核机制对总运营商进行公众满意度评估，并成立由体育、财政等多部门组成的监管协调机构，保障大运中心的协调运营。

佳兆业公司是承载大运中心公共服务生产职责的生产方，作为追逐利润的企业主体，在40年的运营管理期限内将致力于将其打造成为集体育、文化、教育、旅游、商贸等为一体的体育产业集群，以期实现经济效益和社会效益的统一。一方面，佳兆业公司作为总运营商与专业运营公司签订运营协议，积极将体育与旅游、会展、商业有机结合起来，利用商业运营模式提升大运中心经营效益；另一方面，在政府财政补贴和调蓄基金的支持下，通过提供相当数量的大型公益活动和免费、低收费公共服务以体现国有大型体育场馆的公益性价值。

5.3.1.2 协同治理行为过程

2011年9月，随着第26届世界大学生夏季运动会的落幕，深圳大运中心进入赛后运营阶段，此时深圳市政府需要面对的是每年高达6000万元的维护费用，

破解赛后场馆运营亏损成为深圳市政府亟待解决的难题，此时也就进入了这一协同治理项目的发起和动员阶段。深圳市政府迅速开展对北京、上海、天津3个城市8个典型场馆的考察调研，在确定以ROT委托运营模式作为解决方案之后，即刻着手进行总运营商的选聘工作，专门成立选聘工作领导小组，并参照国内外大型体育场馆的运营经验编制了运营商选聘条件、招商推介手册及选聘工作流程①，同时与国内外多家知名运营商进行接触、洽谈，动员它们积极参与大运中心总运营商的选聘。

2012年，龙岗区政府完成总运营商选聘部署工作，并有4家综合实力较强的运营商确定参与选聘之后，这一协同治理项目随即进入发展阶段。龙岗区政府组建了由场馆运营职业经理人和体育产业、规划、财务等领域的专家学者构成的考核团队，从运营管理、改造、修建及财务等方面与4家潜在运营商进行多轮沟通、谈判，最终选定佳兆业公司作为大运中心总运营商。2013年1月，佳兆业公司正式与深圳市龙岗区政府签订ROT协议，协议明确规定了双方在运营期间内所拥有的权利和义务，要求政府前5年给予每年不超过3000万元的财政补贴，佳兆业在5年内完成不低于6亿元人民币的修建工程投资，双方设立共同管理的调蓄基金，调蓄基金从运营利润中提取，主要用于场馆的日常维护和增加赛事活动和公益活动的数量和档次等。

2013年之后，随着ROT协议的正式签订，龙岗区政府与佳兆业公司积极执行和兑现承诺，协同治理项目进入稳定阶段。佳兆业积极引入AEG、英皇集团、体育之窗等具有丰富场馆运营经验的专业运营团队共同承担运营职责，深圳市政府也把大运中心周边1平方千米的土地资源交给龙岗区开发运营，并与大运中心联动对接。协议执行的第一年，大运中心承接的高端赛事、文化演艺、行业会展和公益活动等大型活动就有34场，而后的3年时间内举办了250余场大型文娱演出、国际顶尖体育赛事和城市公益活动，其中大规模城市公益文体活动超过20场，吸引近10万人次参与，取得了良好的社会效益与市场效益。佳兆业也就进一步力求将其打造成高端体育赛事平台、大型文化演艺平台、国际级高端会展平台和全民健身文化体育平台。

综上所述，深圳市龙岗区政府以“ROT”模式引入实力雄厚、社会责任感强的佳兆业集团作为大运中心总运营商，以期实现大型体育场馆公益性和经营性的

① 国家发展改革委．深圳大运中心项目［J］．中国工程咨询，2015（9）．

平衡，这是一种典型的政府与社会力量协同治理的方式。作为安排方的龙岗区政府和生产方的佳兆业公司由分散走向协同的过程就是一种基于有限理性和行为互动的演化博弈过程，在经历初始、发展、稳定的每一个演化阶段中，构成治理主体行为决策的策略集包括协同行为策略和不协同行为策略，行为选择的依据主要来自参与方对行为期望收益值的判断，进而决定着协同进程。

5.3.1.3 协同行为的影响因素

深圳市龙岗区政府和佳兆业公司通过 ROT 模式共同治理大运中心，目的在于追求自身效用最大化，双方对于采取协同治理行为的预期收益、治理成本和协同能力的判断是影响行为策略频率的主要变量。

（1）预期收益。利益因素是影响协同关系能否生成的重要变量，围绕利益进行行为选择的过程就是博弈关系的形成过程，龙岗区政府和佳兆业公司都希望通过大运中心的协同治理实现各自分散时所不能达成的超额利益。龙岗区政府组织部署 ROT 模式并投入每年 3000 万元的财政补助目的就在于充分发挥社会主体的资源优势，提升大运中心运营效益，促进社会福利最大化。佳兆业公司则希望借助这一场馆平台获取更广阔的利润空间和社会影响力。

（2）治理成本。对于风险及成本的估测是参与方调整行为策略的又一重要影响因素，只有治理成本低于预期收益，其协同进程才可持续推进。龙岗区政府利用 ROT 模式引入佳兆业公司作为总运营商，相较于政府单一治理的传统模式而言，除需要支付财政补贴之外，还要承担与佳兆业公司合作时的各项组织费用和交易费用，甚至有可能面临公益性流失及各种商业风险。佳兆业公司承担场馆运营职责虽能获取政府补助，但大型体育场馆的公益属性和专用性则极有可能使其不低于 6 亿元人民币的修建资金沦为沉没成本。

（3）协同能力。ROT 这一委托运营模式就在于充分整合政府与企业各自特有的资源和能力，各参与方协同能力互补性越强，资源整合度越高，越有利于产生协同效应。龙岗区政府授权委托佳兆业公司作为总运营商全面负责大运中心的经营开发，目的就在于弥补自身在市场推广和运营管理方面的能力不足。佳兆业公司参与国有场馆的经营管理，目的则是为了借助政府部门的公共资源、政策优惠和动员能力以实现自身利润空间的拓宽。

5.3.2 演化博弈模型

5.3.2.1 参数设定

基于案例描述和演化博弈的基本规则，对这一案例的演化博弈模型做出以下参数设定：

假设1：深圳大运中心委托运营项目主要涉及深圳市龙岗区政府和佳兆业公司两方主体，龙岗区政府作为该项目的安排方和委托方，佳兆业公司则为总运营方和生产方，假设双方构成演化博弈模型中的两个博弈方，博弈方 g 代表深圳龙岗区政府，博弈方 s 代表佳兆业公司。

假设2：假设博弈双方皆为有限理性主体，他们依靠行为选择实现自身效用最大化，双方纯策略空间均为｛协同，不协同｝，协同策略 m 表示采取协同行为，不协同策略 n 表示不采取协同行为。

假设3：把协同治理行动视为博弈双方基于预期收益、治理成本和协同能力等影响因素不断进行行为策略调整所最终达成的均衡稳定状态，设 v_g 和 v_s 为 g 和 s 采取（不协同，不协同）策略时的收益，α_g 和 α_s 为 g 和 s 所拥有的协同能力，c_g 和 c_s 为 g 和 s 的预期收益系数，$\alpha_s c_g$ 和 $\alpha_g c_s$ 为 g 和 s 采取（协同，协同）策略时运用对方所具有的协同能力后所获得的超额收益。β_g 和 β_s 为 g 和 s 的成本系数，$\alpha_g\beta_g$ 和 $\alpha_s\beta_s$ 表示 g 和 s 采取（协同，协同）策略时所需支付的治理成本，根据函数设置，收益矩阵如表 5-1 所示。

表5-1　收益矩阵

g \ s	协同	不协同
协同	$v_g+\alpha_s c_g-\alpha_g\beta_g$，$v_s+\alpha_g c_s-\alpha_s\beta_s$	$v_g-\alpha_g\beta_g$，v_s
不协同	v_g，$v_s-\alpha_s\beta_s$	v_g，v_s

5.3.2.2 模型构建

深圳龙岗区政府（g）与佳兆业公司（s）走向协同的演化博弈过程如

图5-1所示，假设x为博弈方g。选择协同策略的概率，选择不协同策略概率为1-x；y为博弈方s。选择协同策略的概率，选择不协同策略的概率为1-y。

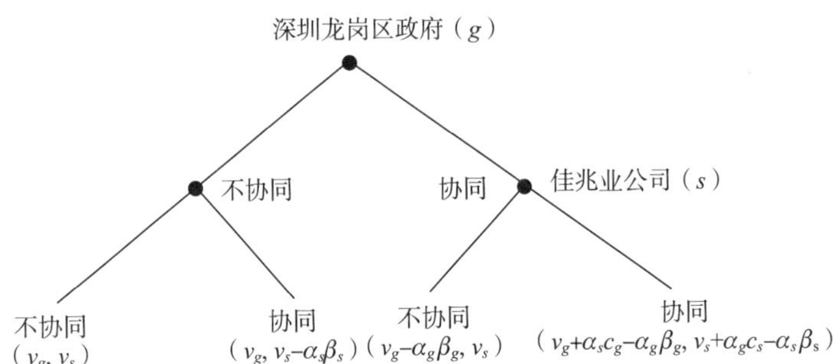

图5-1 演化博弈框架

（1）深圳龙岗区政府的复制动态方程。根据演化博弈框架可知博弈方g选择协同策略的期望收益为：

$$u_{gm}=y(v_g+\alpha_s c_g-\alpha_g\beta_g)+(1-y)(v_g-\alpha_g\beta_g) \tag{5-3}$$

博弈方g选择不协同策略的期望收益为：

$$u_{gn}=yv_g+(1-y)v_g \tag{5-4}$$

则博弈方g的平均收益为：

$$\overline{u_g}=\overline{u_g}xu_{gm}+(1-x)u_{gn} \tag{5-5}$$

由此可得博弈方g的复制动态方程为：

$$F(x)=dx/dt=x(u_{gm}-\overline{u_g})=x(1-x)(y\alpha_s c_g-\alpha_g\beta_g) \tag{5-6}$$

对博弈方g的复制动态方程（5-6）进行分析，令F(x)=0，当$y=\alpha_g\beta_g/\alpha_s c_g$时，x取值均属于稳定状态；当$y\neq\alpha_g\beta_g/\alpha_s c_g$时，则x=0，x=1时为两个稳定状态，根据演化稳定策略（ESS）抗扰动原理，求解F(x)的导数F′(x)，根据式（5-7）可知，F′(x)<0时，当$y>\alpha_g\beta_g/\alpha_s c_g$，x=1是演化稳定策略，当$y<\alpha_g\beta_g/\alpha_s c_g$，x=0是演化稳定策略。

$$F'(x)=(1-2x)(y\alpha_s c_g-\alpha_g\beta_g) \tag{5-7}$$

（2）佳兆业公司的复制动态方程。同理，博弈方s选择协同策略的期望收益为：

$$u_{sm}=x(v_s+\alpha_g c_s-\alpha_s\beta_s)+(1-x)(v_s-\alpha_s\beta_s) \tag{5-8}$$

博弈方s选择冲突策略的期望收益为：

$$u_{sn} = xv_s + (1-x)v_s \quad (5-9)$$

则博弈方 s 的平均收益为：

$$\overline{u_s} = yu_{sm} + (1-y)u_{sn} \quad (5-10)$$

由此可得博弈方 s 的复制动态方程为：

$$F(y) = dy/dt = y(u_{sm} - \overline{u_s}) = y(1-y)(x\alpha_g c_s - \alpha_s\beta_s) \quad (5-11)$$

对博弈方 j 的复制动态方程（5－11）进行分析，令 $F(y)=0$，当 $x=\alpha_s\beta_s/\alpha_g c_s$ 时，y 取值均属于稳定状态；当 $x\neq\alpha_s\beta_s/\alpha_g c_s$ 时，$y=0$，$y=1$ 时为稳定状态，求解 $F(y)$的导数 $F'(y)$，根据式(5－12)可知，$F'(y)<0$ 时，当 $x>\alpha_s\beta_s/\alpha_g c_s$，$y=1$ 是 ESS，当 $x<\alpha_s\beta_s/\alpha_g c_s$，$y=0$ 是 ESS。

$$F'(y) = (1-2y)(x\alpha_g c_s - \alpha_s\beta_s) \quad (5-12)$$

综合博弈方 g 和 s 复制动态方程的稳定性分析，演化博弈模型有五个均衡点，分别为：A(0，0)、B(1，0)、C(0，1)、D(1，1)、E(x^*，y^*)，其中 A(0，0)、D(1，1) 为演化稳定策略，即表示（不协同，不协同）和（协同，协同）两种策略时具有局部稳定性；B(1，0)、C(0，1) 为不稳定状态，一旦有扰动因素干扰，就会偏离暂时状态；E(x^*，y^*) 为鞍点，$x^*=\alpha_s\beta_s/\alpha_g c_s$，$y^*=\alpha_g\beta_g/\alpha_s c_g$，是判断演化路径的关键点，即在一定条件下，鞍点变动趋势往往对协同治理的最终达成具有决定性作用。

5.3.3 均衡稳定分析

根据复制动态方程（5－6），式（5－11）的偏导可得对应 Jaconbian 矩阵，利用该矩阵在 5 个平衡点行列式和迹的值的符号，进行局部稳定性分析，能够判断深圳市龙岗区政府和佳兆业公司走向协同的演化路径。

5.3.3.1 演化路径分析

博弈方 g 和 s 复制动态方程所对应的 Jaconbian 矩阵为：

$$J = \begin{pmatrix} (1-2x)(y\alpha_s c_g - \alpha_g\beta_g) & x\alpha_s c_g(1-x) \\ y\alpha_g c_s(1-y) & (1-2y)(x\alpha_g c_s - \alpha_s\beta_s) \end{pmatrix} \quad (5-13)$$

$$|J| = \begin{pmatrix} (1-2x)(y\alpha_s c_g - \alpha_g\beta_g) & x\alpha_s c_g(1-x) \\ y\alpha_g c_s(1-y) & (1-2y)(x\alpha_g c_s - \alpha_s\beta_s) \end{pmatrix} \quad (5-14)$$

矩阵 J 的迹为：

$$tr(J)=(1-2x)(y\alpha_s c_g-\alpha_g\beta_g)+(1-2y)(x\alpha_g c_s-\alpha_s\beta_s) \quad (5-15)$$

通过计算 Jaconbian 矩阵，判断在 5 个平衡点的局部稳定性：

情形 1：当 $\alpha_s c_g<\alpha_g\beta_g$，$\alpha_g c_s<\alpha_s\beta_s$ 或 $\alpha_s c_g<\alpha_g\beta_g$，$\alpha_g c_s>\alpha_s\beta_s$、$\alpha_s c_g>\alpha_g\beta_g$，$\alpha_g c_s<\alpha_s\beta_s$ 时，即龙岗区政府和佳兆业公司至少有一方预期超额收益小于治理成本时，局部稳定性分析如表 5－2 所示，演化动态轨迹如图 5－2 所示。可见，从任何初始状态出发，复制者动态趋势都将收敛于 A（0，0），（不协同，不协同）策略是此时的演化稳定策略（ESS）。也就是说，政府部门与社会力量协同治理体育场馆公共服务，必须以自身利益改善为前提，其中任何一方参与协同行动的治理成本超过所预期的超额收益，不协同策略将以更高概率被采用，也就无法走向协同治理的稳定格局。

表 5－2　均衡点稳定性分析

均衡点	$\alpha_s c_g<\alpha_g\beta_g$，$\alpha_g c_s<\alpha_s\beta_s$			$\alpha_s c_g<\alpha_g\beta_g$，$\alpha_g c_s>\alpha_s\beta_s$			$\alpha_s c_g>\alpha_g\beta_g$，$\alpha_g c_s<\alpha_s\beta_s$		
	|J|符号	tr(J)符号	结果	|J|符号	tr(J)符号	结果	|J|符号	tr(J)符号	结果
(0，0)	+	−	ESS	+	−	ESS	+	−	ESS
(1，0)	−	不确定	鞍点	+	+	不稳定	−	不确定	不稳定
(0，1)	−	不确定	鞍点	−	不确定	鞍点	+	+	鞍点
(1，1)	+	+	不稳定	−	不确定	鞍点	−	不确定	鞍点

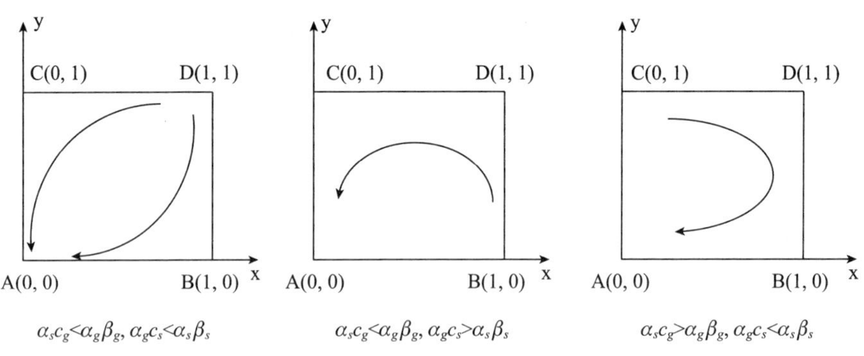

图 5－2　演化相位图

情形 2：当 $\alpha_s c_g>\alpha_g\beta_g$，$\alpha_g c_s>\alpha_s\beta_s$ 时，即龙岗区政府与佳兆业公司通过

ROT模式而分配得到的超额收益大于治理成本之时，Jaconbian矩阵的局部稳定性如表5-3所示，该模型的演化路径如图5-3所示。此时，由不稳定的两个均衡点B和C与鞍点E连成的折线成为系统模型收敛于不同状态的临界线，以鞍点为中心将演化相位图分为四个区域，根据初始状态所落区域，可以判断体育场馆公共服务协同治理行为过程的动态演化趋势。

表5-3 均衡点稳定性分析

均衡点	|J| 符号	tr(J) 符号	结果
(0, 0)	+	-	ESS
(1, 0)	+	+	不稳定
(0, 1)	+	+	不稳定
(1, 1)	+	-	ESS
(x^*, y^*)	-	0	鞍点

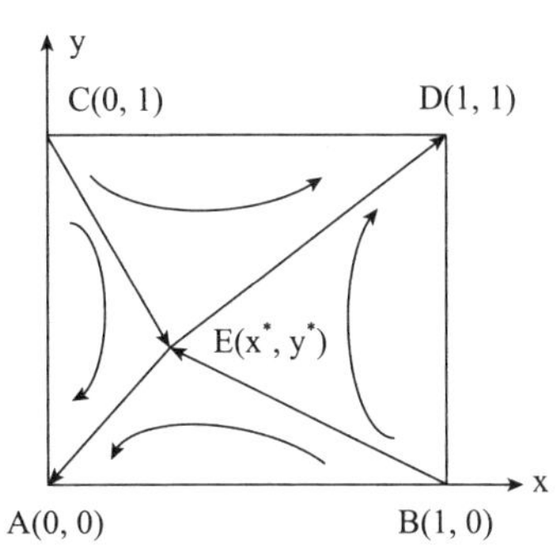

图5-3 演化相位图

根据图5-3可知：

(1) 在任意初始时刻t，博弈方g与s的行为策略概率(x, y)，满足$0<x<x^*$，$0<y<y^*$时，该博弈将收敛于均衡点A(0, 0)。即龙岗区政府选择协同策略的概率和佳兆业公司选择协同策略的概率都低于各自的临界水平时，任意一方都倾向于独自行动，这种独自行动会产生传染效应，也会导致双方协同意愿都较低，深圳大运中心ROT模式也就难以进行，协同治理行为进程将会受到阻滞。

(2) 在任意初始时刻t，博弈方g与s的行为策略概率(x, y)，满足$x^*<x<1$，$y^*<y<1$时，该博弈将收敛到均衡点D(1, 1)。即龙岗区政府选择协同

策略的概率和佳兆业公司选择协同策略的概率都处于较高水平时，双方协同意愿都较强，依靠 ROT 模式实现资源整合和协同治理也将得以促成。

（3）在任意初始时刻 t，博弈方 g 与 s 的行为策略概率（x，y），满足 $0<x<x^*$，$y^*<y<1$ 时，博弈系统将收敛于鞍点（x^*，y^*）。即龙岗区政府选择协同策略的概率低于自身临界水平，佳兆业公司选择协同策略的概率处于较高水平，此时市场运营方虽然对参与大型体育场馆公共服务协同治理具有较强意愿，但政府部门却欠缺足够的热情和投入，演化状态将收敛于鞍点。如果此时龙岗区政府选择协同策略的概率逐步提升，超过自身临界水平，博弈状态将会向均衡点 D(1，1）演化。反之，如果佳兆业选择协同策略的概率逐步降低，低于自身临界水平，博弈状态将会向均衡点 A(0，0）演化。

（4）在任意初始时刻 t，博弈方 g 与 s 的行为策略概率（x，y），满足 $x^*<x<1$，$0<y<y^*$ 时，博弈系统将收敛于鞍点（x^*，y^*）。即龙岗区政府选择协同策略的概率处于较高水平，佳兆业公司选择协同策略的概率低于临界水平，此时政府部门具有较高热情促进大型体育场馆公共服务的多元协同治理，积极推进 ROT 委托运营，但市场运营企业参与意向不强，演化状态也将逐步收敛于鞍点。如果此时政府部门选择协同策略的概率逐步降低，低过自身临界水平，博弈状态将会向均衡点 A(0，0）演化。反之，如果市场部门选择协同策略的概率逐步提升，高于自身临界水平，博弈状态将会向均衡点 D(1，1）演化。

根据上述情形 2 的局部稳定性判定可知，当龙岗区政府和佳兆业公司的初始协同意愿都较强时，协同行为策略将会成为演化稳定策略，多元协同治理成为博弈系统的演化稳定均衡；当双方初始协同意愿都较弱时，不协同行为策略将会成为演化稳定策略，多元分散的治理格局成为博弈系统的演化稳定均衡。但是，当博弈双方初始协同意愿不一致时，博弈系统向鞍点演化，且由于鞍点不具有演化稳定性，系统演化发展的方向也就不确定，博弈双方中任意一方行动策略的调整都会影响系统的均衡状态，也就是说，政府部门与市场部门中任意一方的策略调整都会决定治理格局的最终状态。

5.3.3.2 影响变量分析

从演化相位图 5-3 可以看出，（协同，协同）、（不协同，不协同）这两种行为策略组合都是龙岗区政府和佳兆业公司演化博弈的稳定均衡状态，即使多方协同治理是该模型的最优反应，但是结果往上述哪种博弈均衡演变并不确定。鞍

点 $E(x^*, y^*)$ 的变化对模型演化方向具有关键作用，E 点的变动趋势表明博弈双方的策略调整状况，具体可从区域 ABEC 的面积 S_1 和区域 CDBE 的面积 S_2 的大小予以判定，当 $S_1 < S_2$ 时，双方趋向于协同格局的概率较大，当 $S_1 > S_2$ 时，双方趋向于不协同格局的概率较大，当 $S_1 = S_2$ 时，模型向两个方向的稳定均衡演化的概率相等。根据假设条件，影响策略概率的主要变量包括预期收益、治理成本及各方所具有的协同能力，进一步分析可知：

$$s_1 = \frac{1}{2}(\alpha_g \beta_g / \alpha_s c_g + \alpha_s \beta_s / \alpha_g c_s) \tag{5-16}$$

$$ds/dc = -\frac{1}{2}(\alpha_g \beta_g / \alpha_s c_g^2 + \alpha_s \beta_s / \alpha_g c_s^2) < 0 \tag{5-17}$$

变量 1：参与方的预期收益。由式（5－17）可知，在其他参数不变的情况下，s_1 是 c 的减函数，当 c_g 和 c_s 增加时，鞍点 E 会向左下移动，此时折线下方的 ABEC 的面积会逐步减小，系统向 A(1，1）点收敛的概率增大。反之，当 c_g 和 c_s 降低时，鞍点 E 会向右上移动，此时折线下方的 ABEC 的面积逐步增大，博弈向 A(0，0）点收敛的概率增大。即龙岗区政府和佳兆业公司预期通过 ROT 模式运营深圳大运中心的超额收益增加时，博弈双方选择协同策略的概率越来越大，将趋向于达成体育场馆公共服务的协同治理行动；当博弈双方预期取得的超额收益减少时，参与方选择不协同策略的概率越来越大，也就难以生成协同治理行动。

$$ds/d\beta = \frac{1}{2}(\alpha_s / \alpha_s c_g + \alpha_s / \alpha_g c_s) > 0 \tag{5-18}$$

变量 2：参与方的治理成本。由式（5－18）可知，在其他参数不变的情况下，s_1 是 β 的增函数，当 β_g 和 β_s 增加时，鞍点 E 会向右上移动，此时折线下方的 ABEC 的面积增大，系统向 A(0，0）点收敛的概率增大。反之，当 β_g 和 β_s 减少时，区域 ABEC 的面积缩小，博弈向 D(1，1）点收敛的概率增大。即龙岗区政府和佳兆业公司通过 ROT 模式运营深圳大运中心的治理成本逐步减少时，博弈双方越来越趋向于选择协同策略。当博弈双方投入的治理成本逐步增加时，参与方越来越趋向于选择不协同策略，深圳大运中心的多元协同治理进程也就难以推进。

$$s_1 = \frac{1}{2}(\delta \beta_g / c_g + \beta_s / \delta c_s) \tag{5-19}$$

$$ds/d\delta = \frac{1}{2}(\beta_g / c_g + \beta_s / \delta^2 c_s) > 0 \tag{5-20}$$

变量3：参与方的协同能力。令 $\delta=\alpha_g/\alpha_s$，四边形 ABEC 的面积为式（5-19），由式（5-20）可知，ABEC 的面积为 δ 的增函数。当 δ 越来越大时，鞍点 E 会向右上移动，折线下方的 ABEC 的面积增大，系统向 A(0，0）点收敛的概率增大。反之，δ 越来越小时，区域 ABEC 的面积缩小，系统向 D(1，1）点收敛的概率增大。即龙岗区政府与佳兆业公司各自拥有的协同资源与能力重要程度相当，互补性强，凭借 ROT 模式推进协同治理以实现自身利益目标的可能性更大，采取协同行为的意愿更强烈。反之，博弈双方所拥有的协同资源与能力差距较大，彼此依赖程度低，参与方之间难以形成平等的协商地位，深圳大运中心的多元协同治理进程也就难以持续。

综合以上三大变量分析可知，在深圳大运中心委托运营的全过程中，也就是在大型体育场馆公共服务协同治理的行为过程中，预期收益、治理成本与协同能力会对多方参与主体的行为策略调整起到重要影响，这种影响直接决定着整个协同进程的演进方向。政府部门、市场主体作为以追求自身利益最大化为目标的有限理性个体，对于采取协同行为策略的预期收益值越高，治理成本越低，能力共享水平越高、互补性越强时，越有利于推进协同治理；当多方治理主体对于采取协同策略的预期收益值越低，治理成本越高，能力共享水平越低、互补性越差时，协同治理的进程就难以推进。

5.4 本章小结

本章从演化理性主义出发视大型体育场馆公共服务协同治理的行为过程为有限理性的多元治理主体基于认知进化和价值评估而不断调整行为策略乃至最终达成一致行动的演化博弈过程，其间包含着识别环境、动员力量、资源投入、协商谈判、建立承诺、执行承诺、评估问责等一系列协同行为，以及社会参与机制、信息共享机制、利益协调机制和行动整合机制等一整套促进协同行为持续进行的运行机制。进而以“深圳大运中心委托运营”案例为分析对象，基于演化博弈的基本规则和理论模型，动态分析协同治理行为过程的演化路径及其影响因素，主要结论包括：①多元治理主体采取协同行为的预期收益皆高于治理成本是大型体育场馆公共服务协同治理行为过程得以推进的基本前提。多元治理主体参与协

同行动是一种理性选择行为，参与方都以成本收益比作为行为选择的重要决策依据，只有所有参与方采取协同行为的预期收益都高于治理成本，才有可能促成大型体育场馆公共服务的协同治理，任何一方主体的治理成本高于预期收益，其协同进程都难以推进。②多元利益相关主体的初始意愿是影响大型体育场馆公共服务协同进程的关键要素，这是由于博弈方的行为策略选择依赖于各方在初始状态选择协同策略的概率。当所有参与方在初始状态时选择协同策略的概率较高，协同治理就越会成为该博弈的演化稳定状态，并作为一种较为稳定的行动秩序确立下来。③多元治理主体的行为策略调整决定着大型体育场馆公共服务协同过程的演进方向，预期收益、治理成本与协同能力是影响参与方行为策略调整的主要因素。来自政府、市场、社会不同领域的治理主体具有不同的利益诉求和能力禀赋，他们期望通过协同行动的互利共赢来实现自身利益最大化，当采用协同策略的预期收益值越高，治理成本越低，协同参与方的能力互补性越强，协同策略就越会成为演化稳定策略，且被更多的主体采用，最终达成多元协同治理的构型安排。

第6章　大型体育场馆公共服务协同治理的绩效分析

进入21世纪，"大型体育场馆公共服务协同治理"作为有潜力提升公共服务水平的重要备选方案日益受到重视。那么，协同是否必然带来高的绩效？协同安排如何影响绩效结果？目前学界大多默认协同就能够推动公共服务的更优供给，因为协同本身就是善治①，而对制度安排与公共服务绩效结果的归因研究甚少。SSP范式就制度绩效有着自成一体的分析逻辑，认为绩效是既定状态条件下制度的函数，具体表现为既定状态下所选择的制度结构对人们利益分配关系的影响，大型体育场馆公共服务协同治理作为一项制度选择，决定着治理秩序并产生特定的绩效结果，本章遵循这一范式，利用比较案例研究方法对大型体育场馆公共服务协同治理效应进行分析。

6.1　解释框架：制度安排与绩效结果

大型体育场馆公共服务协同治理是由当前我国大型体育场馆资产专用性中间状态所诱致的一项制度选择，大型体育场馆公共服务绩效结果与这一治理机制的制度安排直接相关，本章以大型体育场馆公共服务协同治理制度安排为自变量，绩效结果为因变量，观察两者之间的影响机制，从而明确作为制度安排的协同治理机制究竟如何带来绩效结果的改善。

---

① 燕继荣．协同治理：社会管理创新之道——基于国家与社会关系的理论思考［J］．中国行政管理，2013，332（2）：58－61.

6.1.1 大型体育场馆公共服务协同治理的制度安排

大型体育场馆公共服务协同治理是使“人们有建设性地参与跨公共部门、跨不同层级政府或跨公共、私人、公民团体的过程和结构”①，根据协同治理理论要义，其内涵主要涉及多元参与主体的相互依赖结构和行为互动过程，进而从整体框架来看，主体结构和行为过程是影响协同治理成功和成果的关键变量，有鉴于此，本书将大型体育场馆公共服务协同治理制度安排解构为结构要素和过程要素两个维度。结构要素旨在安排政府、体育场馆、企业、体育社会组织和公民个人等多元利益相关主体协同治理时的权责结构和组织关系，Aysin Dedekorkut（2004）认为，协同对所有利益相关者的包容度、激励性以及有效领导力是影响协同成功的重要结构要素，John M. Bryson（2009）指出，参与者对自身角色的清晰理解至关重要，吴春梅（2013）特别强调主体之间的平等关系是协同结构的关键变量，因而“权力关系”和“有效领导”是表征多元治理主体协同结构的重要衡量要素。过程要素在于确定多元治理主体的协同行为和运行过程，Ansell和Gash（2007）认为，达成共识是协同过程的重要一环，Sullivan（2002）反复强调，恰当的运行机制是公共服务协同成功的关键条件，郭道久（2016）认为，协同机制是协同治理过程中最为重要的部分，因而“共享目标”和“运行机制”是协同治理过程安排的必备要件。所以，在二级指标的设定上，主要包含权力关系、有效领导、共享目标和运行机制四项要素（见表6-1）。

6.1.1.1 权力关系

权力关系是指协同主体的权责配置，包含以下两方面：一是主体之间的权力共享程度，涉及政府、市场与社会主体之间的竞争与合作、控制与平衡的结构关系，如果政府与非政府主体之间有着较为平衡的权力关系，彼此之间独立、平等、协调，不存在权力分层的压迫和控制，就更有利于各参与主体协同效应的产生。二是权责划分的清晰度和匹配度，有效的协同必须建立在主体权责的清晰界定之上，多元治理主体明确自身的角色、权力和责任，这有利于释放各资源主体

① Kirk Emerson, Tina Nabatchi, Stephen Balogh. An Integrative Framework for Collaborative Governance [J]. Public Administration Research and Theory, 2012, 22 (1): 1-29.

表 6-1 大型体育场馆公共服务协同治理制度安排

目标层	一级指标	二级指标	三级指标
大型体育场馆公共服务协同治理	结构要素	权力关系	权力共享度
			权责清晰度
		协同领导	协同领导力
	过程要素	共享目标	目标清晰度
			目标一致度
		运行机制	社会参与机制
			信息共享机制
			利益协调机制
			行动整合机制

的优势和降低协同安排的制度成本。多元主体之间的权力关系往往千差万别，这就造成了治理绩效结果的差异性。

6.1.1.2 协同领导

协同治理强调多样化主体的权力共享和平等地位，但并不意味着彼此之间是完全平行的关系，正如 Bryson 所强调的，协同和联盟活动之所以能够执行和维持，与有效领导有着密切关系。成功的协同安排需要正式的和非正式的领导，他们有着权威、对协同的长期承诺、诚信和政治技巧，能够孕育协同意愿、投入资源、管理冲突，强化协同的稳定性和影响力①。在正式的领导中，政府一般是公共服务协同安排的主导方，能够为协同行动提供重要的优惠条件、权威和资源，协同中的非正式领导也是非常重要的，尤其当正式领导不够强大或者无法正常发挥作用的时候。如果大型体育场馆公共服务协同治理结构安排中存在有效的协同领导，尤其是作为安排方的政府部门积极发挥领导作用，能够促进协同意愿、投入重要资源和管理利益冲突，协同行动就更容易成功。

6.1.1.3 共享目标

在大型体育场馆公共服务协同治理的制度安排中，多元参与主体一方面有着

① John M. Bryson, Barbara C. Crosby, Melissa Middleton Stone. The Design and Implementation of Cross-sector Collaborations: Propositions from The Literature [J]. Public Administration Review, 2006 (12): 44-55.

各自不同的利益偏好和目标，另一方面又期望通过资源共享和优势互补实现互利共赢，构建一个清晰的、获得各参与方共同认可的共享愿景是协同过程得以顺利推进的重要前提，这就需要协同各方在多元利益之上寻求一个一致的、清晰的共同目标作为协同的出发点，并且最终能够在多元治理主体的不同利益目标之间取得平衡。共享目标的清晰度和一致度是影响协同治理制度绩效的重要因素。

6.1.1.4 运行机制

大型体育场馆公共服务协同治理过程必须依靠一整套的运行机制。首先，协同过程的可进入性和可操作性是最基本的机制问题，要有明确的操作规则、多样化的参与方式和清晰的参与程序以利于所有利益相关者能够合法地、顺畅地参与协同进程。其次，协同治理的各参与方要有正式的和非正式的信息共享平台和沟通机制能够公开、顺畅和频繁地商讨、谈判、对话和交流，以便分享信息、建立信任和达成共识。再次，协同治理期望那些具有不同利益偏好的利益相关主体能够采取协同行为并最终实现互惠，就必须建立恰当的利益协调机制以使所有协同参与者能够获得自身利益的增加，包括顺畅的利益表达、公平的利益补偿和合理的利益分配。最后，设立具有压力性的行动整合机制能够强制性地规避机会主义行为的发生，例如通过规范化的评估问责对参与方所采取的行为和结果进行考评、奖惩和问责，从而使行动主体被动性地采取协同行为。因此，社会参与机制、信息共享机制、利益协调机制和行动整合机制是保障协同过程持续运转的重要制度安排。

6.1.2 大型体育场馆公共服务绩效结果指标的设定

大型体育场馆公共服务绩效目标力求公平与效率的统一，使具有不同利益偏好的政府主体和非政府主体都能够实现利益改善，因此，本书从社会效益和经济效益两个层面描述大型体育场馆公共服务绩效结果（见表6-2），以此衡量大型体育场馆公共服务协同治理对参与主体利益分配关系的影响。

6.1.2.1 社会效益

我国大型体育场馆以公益性为根本属性，具有为公众提供公共体育服务的基本职能，大型体育场馆公共服务的社会效益就是大型体育场馆公益性的实现程度，

表 6-2 大型体育场馆公共服务绩效指标体系

目标层	一级指标	二级指标	三级指标
大型体育场馆公共服务绩效结果	社会效益	开放水平	免低场地开放
			公益服务数量
		社会影响	公众满意度
	经济效益	经营水平	收入增长
			收支比例
		成本控制	经费自给率

目标在于追求更高的全面性和公平性，而这与特定制度安排直接相关，因此，本书所界定的社会效益是指大型体育场馆公共服务协同治理相较于以往制度安排而言，其对大型体育场馆公共服务公益效益的改进效果。对于大型体育场馆公共服务社会效益的评定，谭刚（2008）从高水平运动竞赛、基层运动训练和群众体育三项指标确定大型体育场馆的公益效益。王进、颜争鸣（2013）等认为，社会效益主要体现在体育场馆接待总量和接待人数增长等方面。2014 年，国家体育总局发布的《大型体育场馆运营管理综合评价体系》则从公益活动、顾客满意度两方面来考察大型体育场馆社会影响。综合现有大型体育场馆公共服务社会效益评价指标的成果，本书从开放水平和社会影响两个维度衡量大型体育场馆公共服务协同治理在社会效益层面的制度绩效。开放水平具体从免低场地开放和公益服务数量两方面衡量，免低场地水平是指大型体育场馆和区域内的公共体育场地和设施面向社会免费、低收费开放程度，可从开放面积、时间和对象等方面予以评估。公益服务数量是指大型体育场馆免费或低收费举办或承办体育赛事、群体活动、体育健身技能培训、国民体质测试及其他文体活动的频次。社会影响是指社会公众对大型体育场馆公共服务供给情况的整体感知和评价，具体通过公众满意度进行评估。

6.1.2.2 经济效益

大型体育场馆在坚持公益属性之下，还应利用市场化运营规则开展多种形式的经营和服务活动，充分发挥场馆的产业属性，提高场馆资源利用效率和盈利水平，以提供更高层次、更优质量的大型体育场馆公共服务，这就要求多元主体协同治理的制度安排不仅能够促进公益效益的改善，还要从经济效益上保证利益相

关主体尤其是市场参与主体有利可图。对于经济效益的评估，游战澜（2010）以成本费用利润率、总资产利润率、场馆使用率、场馆空置率、成本控制等财务指标显示大型体育场馆运营是否对改善盈利做出贡献。谭刚（2008）以全员劳动生产率、成本费用利润率、经费自给率三项指标评估大型体育场馆经济效益。王进、颜争鸣（2013）等则认为，经济效益包括单位能耗、收支比例和收入增长等指标。《大型体育场馆运营管理综合评价体系》中是以接待总量、接待人次增长、收支比例、收入增长 4 项指标反映大型体育场馆运营效益。鉴于现有的研究成果，本书主要从经营水平和成本控制两方面评估协同治理这一制度方案在经济效益层面的改善作用。经营水平具体从收入增长和收支比例予以衡量，收入增长是指大型体育场馆经营性收入增长水平，收支比例是指大型体育场馆服务收入与支出之间的比例。成本控制是指大型体育场馆自身依靠市场经营获取经费，以此减少财政开支的能力，具体可通过经费自给率来衡量。

6.1.3　大型体育场馆公共服务协同治理与绩效结果的影响机制

SSP 范式对绩效的界定就是特定制度选择的结果，不同制度方案的选择必然带来绩效结果的差异性，考察大型体育场馆公共服务协同治理的绩效表现，即在于明确相关制度安排对绩效结果所带来的影响。上文从结构和过程两个维度对大型体育场馆公共服务协同治理制度安排进行拆解，具体表现在权力关系、协同领导、共享目标和运行机制四项要素上，而后从社会效益和经济效益两个层面考察大型体育场馆公共服务绩效结果。对于作为既定状态下所选择的协同治理机制会带来怎样的绩效结果并如何影响这一结果，本书认为制度安排的要素属性是影响大型体育场馆公共服务绩效结果的核心变量，也就是说，协同治理机制由于制度安排要素属性的不一致，制度绩效就会呈现出结果的差异性（见图 6 - 1）。当某一大型体育场馆公共服务项目采用协同治理机制，多元利益主体之间具有清晰开放的权力关系、有效的协同领导力、高度一致的共享目标和完备的运行机制之时，就会大大降低协同治理的制度成本和合作风险，从而有效实现大型体育场馆公共服务经济效益和社会效益的统一；反之，多元治理主体之间权力关系封闭失衡、协同领导力不足、缺乏共享目标、运行机制不完备，大型体育场馆公共服务协同治理就会产生较高的治理成本和不确定性，就难以取得大型体育场馆公共服务社会效益和经济效益的平衡。

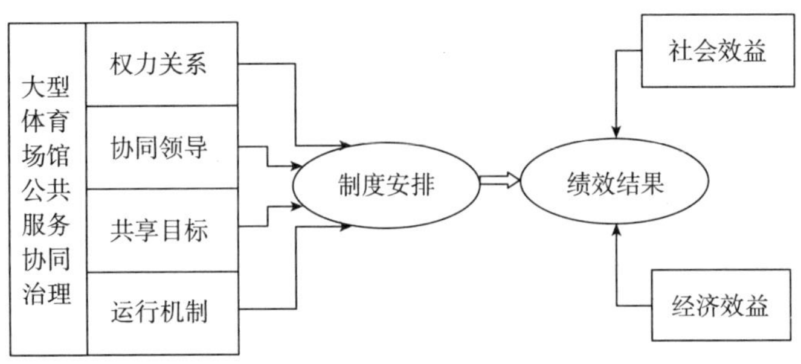

图 6-1 大型体育场馆公共服务协同治理绩效分析的解释框架

6.2 研究方法：比较案例研究

罗伯特·K. 殷认为，研究方法应当根据研究的问题类型予以确定，案例研究法作为一种研究策略适用于回答“怎么样、为什么”的问题[①]。就本章研究主题而言，目的不仅在于追究某一执行了协同安排的大型体育场馆公共服务绩效结果如何的问题，更在于探讨大型体育场馆公共服务协同治理制度安排如何影响绩效结果这一“怎么样”和“为什么”的问题。比较案例研究通过对多个典型案例的情境描述和复制分析，对于发现变量之间的因果关系具有较好的效果。

6.2.1 案例选择

大型体育场馆公共服务协同治理作为一项制度安排，其对利益相关主体权力关系和行为方式的构型势必对绩效结果产生影响，本书选取 4 个符合协同治理制度特征且在绩效结果上具有差异性的典型案例进行比较分析，通过案例情境的细致描述和因果机制的深入分析，对协同治理这一制度安排与绩效结果之间的关联进行有力的说明。为了体现案例的典型性，所选取的案例侧重于国内社会反响和政策评价较为突出的大型体育场馆公共服务协同治理项目，即湖北省“去运动”

① ［美］罗伯特·K. 殷. 案例研究：设计与方法［M］. 重庆：重庆大学出版社，2010.

政府购买服务平台、“深圳大运中心委托运营”、“鸟巢”改制和JX省学校大型体育场馆对外开放4个案例。

（1）湖北省“去运动”政府购买服务平台，湖北省是我国大型体育场馆运营管理改革试点省，2014年，湖北省体育局在国内首创手机APP“去运动”，采用政府购买体育场馆公共服务协同框架整合全省体育场馆资源，上线一年内就有近500万人次通过这一公共体育服务平台享受免费和低收费的体育场馆公共服务，作为独特的“湖北模式”受到全国关注和推广。

（2）深圳大运中心委托运营，深圳大运中心为深圳地标性建筑，2013年1月31日，佳兆业文体旅游集团通过ROT模式（Renovate - Operate - Transfer）正式成为大运中心“一场两馆”总运营商，运营权为40年，该项目创造性的采用政府方和运营方协同治理的方式有效缓解运营成本困境，并于2015年入选国家发展改革委13个PPP典型项目案例。

（3）“鸟巢”改制，国家体育场（鸟巢）是我国第一个采用公私合作（PPP）模式建设和运营的大型公共体育设施项目，具有里程碑意义，但在正式运营的一年后，北京市政府重新主导场馆经营权，意味着大型体育场馆领域PPP模式首次应用夭折了。

（4）JX省学校大型体育场馆对外开放，我国教育系统内分布着较大比例的大型公共体育场馆设施，政府与学校协同致力于学校大型体育场馆设施向社会开放是发挥大型体育场馆公共服务价值的重要内容，以具有区位意义的JX省学校大型体育场馆对外开放水平和状况为案例样本具有比较价值。

6.2.2 数据采集和分析策略

为增强案例研究的信度和效度，按照“证据三角”原则，本书采用多种渠道广泛收集有关案例的一手和二手数据材料。一方面，采用问卷调查和实地观察方式获取一手信息，调查对象包含4个案例所涉利益相关主体，如政府管理人员、体育场馆工作人员、体育场馆研究学者和相关场馆消费者，前后共发放问卷130余份，回收有效问卷117份，邀请他们对各案例所涉大型体育场馆公共服务的绩效表现和协同治理状况进行评价。另一方面，尽可能地通过文献数据库、网站、新闻媒体报道和出版物等公开途径收集整理有关案例对象背景材料、经营状况、治理机制和服务水平的二手材料。进而将所收集二手材料和实地调查所获取信息进行相互验证，从而实现数据收敛。

由于本书力求展现大型体育场馆公共服务协同治理制度安排对绩效结果的正面影响，因而案例分析采用内容分析和利益相关者评级两种策略，意图通过案例的重复复制分析和差异复制分析来验证上文理论分析基础上所构建的解释框架。首先，根据大型体育场馆公共服务绩效结果指标的实现情况，通过案例材料内容分析和利益相关者评级将拟讨论的 4 个案例对象分为高绩效案例和低绩效案例两类。而后，对于自变量“大型体育场馆公共服务协同治理制度安排”采取同样策略，通过案例材料内容分析和利益相关者评级将每个案例对象所涉制度要素的完成情况分为高、低两类。最终，对 4 个案例所涉及的各项制度要素与绩效结果之间的对应关系进行系统的比较分析，在这个过程中，先对同类绩效案例进行重复复制分析，再对不同绩效案例进行差异复制分析，由此得出相应结论。

6.2.3 案例说明及绩效分析

制度绩效具有高低不同的结果表现，为反映制度安排对大型体育场馆公共服务绩效结果的影响作用，所选取案例样本需要存在明显的绩效差异。本书通过案例材料内容分析和利益相关者评级将 4 个案例对象划分为高、低两类，当案例材料显示某一绩效指标有较为一致的社会正面认知或是 60% 以上利益相关主体评级值为“高”，就认为该指标具有高强度，当案例材料显示某一绩效指标有较为一致的社会负面认知或是评级值为“高”的利益相关主体比例不足 60%，就认为该指标具有低强度。据此将湖北省“去运动”政府购买服务平台、深圳大运中心委托运营归为高绩效案例，将“鸟巢”改制和 JX 省学校大型体育场馆对外开放归为低绩效案例（见表 6－3）。

表 6－3　大型体育场馆公共服务绩效表现

绩效指标	湖北“去运动”政府购买服务平台	深圳大运中心委托运营	“鸟巢”改制	JX 省学校大型体育场馆对外开放
免低开放水平	高	高	低	低
公益服务数量	高	高	低	低
公众满意度	高	高	低	低
收入增长	高	高	高	低

续表

绩效指标	湖北“去运动”政府购买服务平台	深圳大运中心委托运营	“鸟巢”改制	JX 省学校大型体育场馆对外开放
收支比例	高	高	高	低
经费自给率	高	高	低	低
绩效结果	高	高	低	低

6.2.3.1　高绩效案例 1：湖北省“去运动”政府购买服务平台

湖北省“去运动”APP 是湖北省体育局于 2014 年推出的国内首家移动互联网体育公共服务平台，该平台按照政府购买公共体育服务的政策框架，由湖北省体育局作为安排方出资委托运营方湖北省爱体科技公司开发 APP，通过公开招标选择体育场馆公共服务生产方，签约场馆作为生产方获得政府补贴并向社会公众免费或低收费提供体育场馆公共服务，这是一种典型的政府与社会力量协同治理大型体育场馆公共服务的范例。根据大型体育场馆公共服务绩效结果 6 项指标的达成情况来看，无论是文献资料还是利益相关者评级都显示该协同项目有效促进了大型体育场馆公共服务社会效益和经济效益的双重提升，在整体制度绩效上具有较优表现。一方面，相关数据表明该平台上线后，签约场馆数量、消费人次和运营收入急速增长，截止到 2016 年，已签约大中型体育场馆达到 600 余家，服务平台注册用户超过 50 万，月活跃率达到 50% 以上，平台月交易额超过 600 万元，市场估值约 1.5 亿元①，“去运动”平台不仅促使更多公众能够免费和低收费获取体育场馆公共服务，而且大中型体育场馆能够凭借平台吸引更多的消费者，提升场馆利用率和运营收益。另一方面，笔者邀请了武汉洪山体育中心 15 位利益相关主体（3 位签约场馆工作人员、2 位体育主管部门人员、10 位 APP 使用者）对 6 项绩效指标进行评级，80% 受访者认为“去运动”平台使体育场馆免低开放水平和公益服务数量获得提升，60% 认为场馆公众满意度、收支比例和经费自给率较佳，结果表明，案例二手材料和一手调研结论基本一致，综合评级情况如表 6－3 所示。

① 郭晓明．“去运动”APP 登录支付宝［EB/OL］. http：//china. huanqiu. com/hot/2015－08/7201839. html，2015－08－05/2017－02－11.

6.2.3.2 高绩效案例2：深圳大运中心委托运营

深圳大运中心是第26届世界大学生夏季运动会的主场馆区，包括“一场两馆”，即体育场、体育馆和游泳馆，体育场可容纳6万名观众，体育馆可容纳1.8万名观众，游泳馆可容纳3000名观众，总用地面积52.05万平方米，总建筑面积29万平方米，总投资约45亿元①。世界大学生夏季运动会之后，每年高达6000万元的维护成本使深圳市政府负担沉重，2013年1月，深圳市龙岗区政府与佳兆业集团深圳有限公司签订修建—运营—移交（ROT）协议，佳兆业集团获得大运中心一场两馆及周边商业配套长达40年的运营管理权限。深圳大运中心这一委托运营模式成为大型体育场馆领域协同治理的典范，一是政府在运营初期采用财政补贴机制保证大运中心公益性价值，并建立对总运营商的运营绩效考核机制，协议规定前5年政府每年给予运营公司补贴3000万元，大型赛事及公益活动补贴2000万元，同时佳兆业公司在5年内完成6亿元人民币的修建工程投资；二是龙岗区政府与佳兆业公司创造性提出由政府方与运营方共同管理的调蓄基金，调蓄基金从运营利润中提取，基金主要用于场馆的日常维护、增加赛事活动数量、提升赛事活动档次等②；三是佳兆业公司作为总运营商引入AEG、英皇集团、体育之窗等具有国内外体育场馆运营经验的专业运营团队共同承担运营职责，力求将大运中心打造成集体育、文化、创意、教育、旅游、零售六大产业为一体的产业集群。相关资料显示，自佳兆业公司接管大运中心3年时间内，约举办了250余场大型文艺、赛事和公益活动，吸引250万人次参与体育健身休闲，按每人次消费500元计算，直接消费就达到12.5亿元，取得了良好的社会效益和经济效益③。与此同时，笔者邀请了深圳大运中心15位利益相关主体（3位场馆工作人员、2位体育主管部门人员、10位场馆消费者）就大型体育场馆公共服务绩效结果6项指标进行评级，67%受访者认为佳兆业接管运营权之后使得大运中心对外开放水平和公众满意度获得提升，80%认为公益服务数量有所增加，87%认为场馆经费自给率和经营水平较佳，结果表明，一手调研和案例材料结论

① 佳兆业文化体育深圳有限公司．深圳大运中心简介［EB/OL］. http：//www. szdyzx. com/about. aspx，2017-06-15.

② 国家发展改革委．深圳大运中心项目［J］. 中国工程咨询，2015（9）.

③ 人民网．深圳盐田体育中心全球经营权花落佳兆业［EB/OL］. http：//house. people. com. cn/n/2015/0522/c164220-27042409. html，2015-05-22/2017-03-22.

基本一致，综合评级如表6-3所示。

6.2.3.3　低绩效案例3："鸟巢"改制

国家体育场（鸟巢）是北京奥运会的主体育场，占地20.4公顷，建筑面积25.8万平方米，可容纳观众9.1万人，总造价约为35亿元。为满足项目融资需求和降低财政风险，该工程按PPP模式建设运营，由中国中信集团公司等四家企业组成的中信联合体出资42%，北京市国有资产经营有限责任公司代表北京市政府出资58%，双方共同组建项目公司，负责"鸟巢"的融资、建设、运营和管理，中信联合体拥有赛后30年的特许经营权，运营期间自负盈亏，北京市政府不参与分红，期满后由北京市政府收回。然而，这一被视为中国大型体育场馆PPP创先之举的项目就在赛后运营一年后宣告夭折，2009年8月29日，北京市政府与中信联合体签署《关于进一步加强国家体育场运营维护管理协议》，对"鸟巢"进行重组改制。根据协议，北京市政府将持有的58%出资改为股权，主导场馆经营权并承担盈亏，中信联合体放弃30年的特许经营权，转为持有42%股份的股东。自此，"鸟巢"按照"政府主导、社会参与、企业运作"的原则，由重组后的国家体育场公司全面负责场馆的赛后运营、管理和维护工作，国家体育场公司的董事长、总经理等公司高层皆由政府委派。"鸟巢"经营模式的改制，凸显出PPP这一制度安排在该项目应用过程中的失效，相关资料表明，PPP模式引发的"商业化与公众利益的冲突"[①] 影响了国家体育场赛后运营效益的实现，一方面，"鸟巢"商业运营设计空间的局限和中信联合体运营经验的缺乏降低了场馆的商业效益。"鸟巢"设计方案是由招标人北京市政府主导的，取消可闭合顶盖设计、减少车位数和商业设施等都使作为经营方的中信联合体难以在设计上对体育场进行多功能商业开发，减少了场馆的项目收益和租赁收入。而且，中信联合体作为社会资本方并非专业化的大型体育场馆运营商，欠缺运营管理经验，从而寻求与法国Stade de France咨询公司的战略合作，导致运营成本增加。另一方面，作为运营方的中信联合体负有收回运营成本的营利责任，过度商业化行为在一定程度上影响了"鸟巢"的公益服务功能，例如媒体曾经报道社会公众对鸟巢参观门票价格过高颇为不满[②]。进而根据5位业内学者和3位场馆工作

① 任鹏飞，强勇等．深陷分红悖论，鸟巢模式铩羽［N］．经济参考报，2015-01-29.

② 李亮．鸟巢不卖半价门票引争议市场运营VS巨大社会公益［EB/OL］．http：//sports.sina.com.cn/o/2008-11-09/17564061111.shtml，2008-11-09/2017-03-23.

人员对“鸟巢”在改制之前运营绩效的评级状况，同样显示 PPP 模式下“鸟巢”整体绩效的低度表现，75% 的受访专家认为改制之前“鸟巢”的免低开放水平、公益服务数量和公众满意度较低，63% 的受访专家认为“鸟巢”较为注重商业经营活动和增加运营收益，但经费自给能力仍然较低，综合评级如表 6－3 所示。

6.2.3.4 低绩效案例 4：JX 省学校大型体育场馆对外开放

学校体育场馆是社会资源的重要组成部分，努力促进学校大型体育场馆向社会开放是政府与学校、社区协同提升体育设施利用效率和完善体育场馆公共服务体系的有力举措。JX 省地处我国东南偏中部，全省辖 11 个设区市，2016 年末全省常住人口 4000 余万人，全省生产总值在全国排位 16，经济社会发展水平与发达地区相比存有一定的差距。据该省第六次体育场地普查数据显示，全省大型体育场馆共计 43 个，分布于学校的符合大型体育场馆标准的有 3 个。为发挥学校体育设施资源的社会价值，JX 省自 2011 年起在全省范围内尝试推进学校体育场馆对外开放，省体育局下文要求学校体育设施在课余时间和节假日要积极创造条件向社会公众开放。但是，学校大型体育场馆对外开放绩效水平并不高，据笔者调查，大多学校仅面向社会免费开放室外体育场，诸如篮球场、田径场和足球场等，开放时间主要选择利用双休日或法定节假日，室内体育设施并未对外免费开放，但部分学校可通过租赁程序租借室内场地开办赛事活动。而在对外开放费用上，虽然 JX 省体育局设立了大型体育场馆免费低收费开放补助金，但仅限于体育系统内大型体育场馆，学校大型体育场馆对外开放无法获得这项经费支持，学校只能依靠自身支付或是采取收费形式维持开放，收不抵支。从 4 位校内场馆管理人员和 20 位入校健身者对 JX 省的 2 所学校大型体育场馆对外开放的绩效评级情况来看，91% 的受访人员认为学校大型体育场馆经营水平低，83% 的受访人员认为学校大型体育场馆对外开放水平和成本控制能力弱，79% 的受访人员认为学校大型体育场馆公益服务数量和公众满意度较低。综合评级如表 6－3 所示，可见 JX 省大型体育场馆对外开放的社会效益和经济效益水平都偏低。

6.3　比较案例分析

上文对因变量“大型体育场馆公共服务绩效结果”已经进行评级，将4个特定案例的绩效表现分为高和低两类。为进一步说明自变量“大型体育场馆公共服务协同治理制度安排”与因变量之间的因果关系，采取同样策略将各个制度要素指标的完成情况进行评级，分为高、低两类，例如，当某一案例材料中显示政府与市场、社会等非政府主体之间有着较为平衡的权力关系，不存在权力分层的压迫和控制，就认为该案例具有高度的权力共享性，或是利益相关者评级中有超过60%的人数认为某一指标项有高度表现，就认为该要素指标具有高度性。反之，案例材料中并未显示某一指标项的存在，或是低于60%的利益相关者人数认为某一指标项有高度表现，就认为该要素指标具有低度性（见表6－4），而后对4个案例所涉及的各项制度要素与绩效结果之间的关系进行重复复制分析和差异复制分析。

表6－4　制度安排与绩效结果的比较案例分析

比较指标	湖北“去运动”政府购买服务平台	深圳大运中心委托运营	“鸟巢”改制	JX省学校大型体育场馆对外开放
权力共享度	高	高	低	低
权责清晰度	高	高	低	低
协同领导力	高	高	低	低
目标清晰度	高	高	低	低
目标一致度	高	高	低	低
社会参与机制	高	高	高	低
信息共享机制	高	高	低	低
利益协调机制	高	高	低	低
行动整合机制	高	高	低	低
绩效结果	高	高	低	低

6.3.1 结构要素与绩效结果

结构要素旨在描述大型体育场馆公共服务协同治理制度安排中多元利益主体的结构安排，包括权力关系和协同领导两维度。权力关系进一步包括两个方面：一是多元主体之间是否具有平衡、互补的权力共享关系；二是主体之间的权责划分是否清晰和匹配，如果政府主体和非政府主体之间拥有高度共享的权力关系，意味着各参与方在大型体育场馆公共服务协同治理过程中能够充分发挥自身资源优势；拥有高度清晰和匹配的权责结构，意味着多元主体更加明确自身的角色定位和行为规则。协同领导也是主体结构的重要组成部分，是指多元化主体之间是否具备有力的主导者和促进者，拥有强有力的领导者，意味着协同关系更加具备稳定性和有序性。如果某一个协同项目同时具有这些要素的高效表现，就可界定为拥有高度完善的协同结构，这也有助于节约协同安排的治理成本，提升制度绩效。反之则会降低协同安排的制度绩效，正如表6－4所示，4个典型案例中多元参与主体之间的结构要素属性不同，绩效结果呈现出相对应的差异性。

6.3.1.1 权力关系影响绩效结果的对比分析

权力关系决定了多元治理主体的依赖关系和协同程度，可从权力共享度和权责清晰度两项指标予以观测，随着权力共享度的提升，体育场馆运营企业和体育社会组织等非政府主体在与政府主体的集体治理行动中才能拥有对等的协商空间，而权责清晰度的提升则使多元主体降低协同过程中的摩擦和干扰，而这些能够促进大型体育场馆公共服务利用多元主体的资源共享和优势互补实现经济效益和社会效益的统一，通过4个典型案例的重复复制分析和差异复制分析可以对此加以论证。例如“湖北省‘去运动’政府购买服务平台”案例中存在湖北省体育局、爱体科技公司和各大中型体育场馆等多个参与主体，发起方湖北省体育局授权爱体科技公司作为运营方具体负责软件平台的开发维护、各大中型体育场馆的招标签约和公共服务的补贴结算，签约平台的公有型场馆和私有型场馆作为生产方面向公众提供免费和低收费的体育场馆公共服务，这一协同项目凭借互联网平台和政府购买公共服务政策框架明确界定了多方参与主体的权责边界和权力共享机制，从而有效地促进了资源整合和综合效益的实现。同为高绩效案例的“深圳大运中心委托运营”项目中，作为核心主体的深圳市龙岗区政府和佳兆业公司

之间同样具备明晰的权责划分和开放共享的权力关系，深圳市龙岗区政府创新性地采用ROT模式引入深圳佳兆业公司承担大运中心“一场两馆”及周边商业配套长达40年的运营管理权限，龙岗区政府负有财政补贴和运营监管责任，佳兆业公司则具备场馆经营权和管理权。而后，按照协议规定佳兆业公司作为总运营商可以自主引入各类专业公司并与之协作，包括与专业运营公司、常驻球队、赛事机构、保险公司、金融机构等签订了各类专项协议。

与之相反，在低绩效案例“‘鸟巢’改制”中，北京市政府与中信联合体利用PPP模式共同组建项目公司负责鸟巢的融资、建设、运营和管理，中信联合体拥有赛后30年的特许经营权，表面上看，政府方赋予私营方充分的运营自主权，实现了权力共享，但事实上，中信联合体在资金和工程建设上具有优势，却不具备场馆运营方面的专业经验，两者之间并没有形成较好的资源整合，而且政府部门为了捍卫“鸟巢”的政治意义和公益价值，经常性地对运营方的商业开发行为加以干涉，有专家说：“企业想做一些事，但政府部门的限制比较多”，权责划分并不清晰。“JX省学校大型体育场馆对外开放”的低绩效同样体现出权力关系的不完备，学校在开放模式上主要采取自主管理，既没有利用专业运营企业来解决学校大型体育场馆管理问题，也没有依托街道社区和志愿者的扶持来解决资源不足的困境，而且政府与学校责任模糊，体育和教育主管部门之间也是权责不清，这些都降低了学校大型体育场馆公共服务绩效水平。

进而根据4个典型案例权力关系指标的利益相关者评级情况来看，也得出了较为一致的结论，在案例1中，20位利益相关者（5位政府工作人员、5位签约场馆工作人员、5位爱体公司工作人员和5位业内学者）中的80%认为具有较高的权力共享度，75%的利益相关者认为具有清晰的权责结构；在案例2中，11位利益相关者（3位政府工作人员、3位大运中心工作人员和5位业内学者）中的73%认为具有较高权力共享度，82%认为具有清晰的权责结构；在案例3中，11位利益相关者（3位政府工作人员、3位“鸟巢”工作人员和5位业内学者）中的55%认为具有较高权力共享度，45%认为具有清晰的权责结构；在案例4中，13位利益相关者（4位政府工作人员、4位学校场馆工作人员和5位业内学者）中的31%认为具有较高权力共享度，46%认为具有清晰的权责结构。

综合以上两两正反案例材料的对比分析和利益相关者评级（综合评级如表6-4所示）可以看出，多元利益主体之间同时具备高度的权力共享机制和明晰的权责结构对大型体育场馆公共服务绩效结果具有正向影响，欠缺平衡的权力共享空间或是不清晰的权责结构都会使大型体育场馆公共服务协同治理陷入困境。

6.3.1.2 协同领导影响绩效结果的对比分析

多元利益主体共同参与大型体育场馆公共服务的集体治理行动，一个强而有力的领导者显得至关重要，这种领导角色并非实施强迫和控制，而是通过对协同意愿的促进、重要资源的投入和利益冲突的管理，增进协同关系的稳定性和有效性。就大型体育场馆公共服务治理而言，最有效的领导者一般来自政府部门，这是由我国大型体育场馆的公益本位和中国政府的强势地位所决定的，它能够为协同秩序提供重要的优惠条件、权威和资源，这一点在“湖北省‘去运动’政府购买服务平台”和“深圳大运中心委托运营”两个高制度绩效案例中都能够得以体现。湖北省体育局是“去运动”APP 的发起者和主导者，它出资开发 APP 平台并投入 1900 万元财政补助资金向各大中型体育场馆购买体育场馆公共服务，制定体育场馆准入标准、定价机制和补贴方式，对运营方“爱体科技”和各场馆的公共服务内容和形式进行监管和考核，并以此为依据支付相应补贴，从而确保社会效益和经济效益的平衡。深圳市龙岗区政府同样扮演了协同领导者的角色，为完成深圳大运中心运营商的选聘工作，成立选聘工作领导小组，制定选聘核心边界条件、招商推介手册及选聘工作流程，最终选定实力雄厚、社会责任感强的佳兆业集团作为大运中心总运营商，在签署 ROT 协议之后，进一步通过财政补贴机制、运营绩效考核机制和创立运营调蓄基金等方式努力增进大运中心的综合效益。

两个低绩效案例的差异复制分析则可以从反面论证协同领导力对大型体育场馆公共服务绩效结果的作用。在“鸟巢”改制案例中，北京市政府作为 PPP 模式的发起方和主导方，从土地、投资、税收和市场等多方面给予政策优惠，例如为项目公司提供低价土地、不参与利润分红等，这些为项目融资的成功奠定了基础，但是政府又经常性地通过行政规制的方式对场馆市场运营横加干涉，致使中信联合体陷入公益和效益的冲突当中。在“JX 省学校大型体育场馆对外开放”案例中，当地政府部门作为主导方基本处于缺位状态，仅对学校体育场馆向社会开放进行原则性要求，并没有就学校开放方式、责任认定、收费标准、管理模式、保险机制等给予具体操作细则，也没有给予财政经费支持，使各学校开放意愿不强。

统计显示，在案例1至案例4中，利益相关者认为具备高度协同领导力的比例分别为75%、82%、55%和38%。基于各个案例材料的内容分析和“协同领导”指标项的利益相关者评级，综合评级如表6-4所示，表明具有有效领导的大型体育场馆公共服务协同项目取得了较好的绩效结果，而欠缺强有力领导者的协同项目，大型体育场馆公共服务协同安排未能取得预期绩效。

6.3.2　过程要素与绩效结果

过程要素重在描述大型体育场馆公共服务协同治理制度安排中多元参与主体的协同条件和运行过程，包括共享目标和运行机制两个方面。共享目标是指多元参与方就协同治理行动是否具有一个清晰的、一致的共同愿景，如果政府主体和非政府主体能够对大型体育场馆公共服务协同治理目标达成共识，意味着协同行动有了持续推进的动力和前提。运行机制是保障协同过程有效运转和协同目标顺利实现的各项制度设计，主要包括围绕主体行动规则的社会参与机制、形成共识和化解冲突的信息共享机制以及影响主体行为策略的利益协调机制和行动整合机制等，大型体育场馆公共服务需要专用资产的投资，一套完善且行之有效的规则设计可以增加制度安排的稳定性，降低协同过程中的各种风险。如表6-4所示，4个案例中的过程要素属性表现不一致，绩效结果也呈现出相对应的差异性，当某一协同项目具有清晰一致的共享目标和完备的运行机制之时，大型体育场馆公共服务绩效结果也有较好的表现；当某一协同项目欠缺清晰一致的共享目标或是缺乏有效的运行机制之时，大型体育场馆公共服务绩效表现较差。

6.3.2.1　共享目标影响绩效结果的对比分析

大型体育场馆公共服务协同治理要求的是不同利益主体的资源整合和一致行动，而这些主体具有不同的价值目标，如若无法取得目标的协调，协同行动就会经常性地面临利益冲突，也会使大型体育场馆陷入“公益效益”和“经济效益”的困顿之中。因此，寻求一个清晰的、获得参与各方一致认可的共享目标不仅意味着激发多元利益主体的协作潜能，也是为了在多元利益目标之间找到一个恰当的平衡点，从而促进大型体育场馆公共服务经济效益和社会效益的统一。在“湖北省‘去运动’政府购买服务平台”案例中，湖北省体育局出资开发APP平台并投入1900万元的补助资金，目的在于整合全省体育场馆资源，提升体育场馆公共服务供给效率，运营方“爱体科技”则可以通过收取平台服务费、广告费和政府补贴等获得盈利，生产公共体育服务的各大中型体育场馆不但能够获得政府补贴，还能利用平台扩散效应增加经营收入，三方参与主体虽然利益目标各有不同，但是能够基于 APP 平台确立一个协调各方利益的共享愿景，即通过协同效应的增值获取超过单独行动的超额收益。深圳市政府为破解大运中心赛后运营亏损难题，通过 ROT 协议将长达 40 年的场馆运营管理权限委托给佳兆业公司，又为降低运营商收支压力，引入财政补贴机制和设立调蓄基金，表明政府方和运营方就大运中心的运营思路和发展方向达成共识，就是通过商业运作反哺场馆运营，力求实现经济效益和社会效益的统一。

“鸟巢”改制和 JX 省学校体育场馆对外开放这两个低绩效案例与上述两个高绩效案例之间的差异也能反映出共享目标对实现制度绩效的重要性。当北京市政府将“鸟巢”特许经营权委托给中信联合体之后，却并没有兑现帮助其获取利润的承诺，当中信联合体意图通过商业运作来营利之时，政府又以“公益”为名，对场馆的设计方案、商业设施和运营项目加以限制，例如取消可闭合顶盖、圆梦卡项目的破产和冠名权风波等，最终，PPP 模式中途夭折，重新由政府国营成为出路。而在“JX 省学校大型体育场馆对外开放”中，当地政府部门只有自上向下的原则性要求，大型体育场馆所在学校也只有自下向上的表面敷衍，两者之间并没有就学校大型体育场馆对外开放的标准、投入和回报等形成较为一致的、清晰的认识，导致开放效果差，运营效率低。

进而从“共享目标”指标项的利益相关者评级情况来看，4 个案例中认为具有较高目标清晰度的投票比重分别为 70%、82%、46% 和 38%，具有较高目标一致度的投票比重为 75%、82%、55% 和 46%，综合案例材料的内容分析和利益相关者评级，综合评级如表 6－4 所示，当各方参与主体具有较高清晰度和一致度的行动目标时，大型体育场馆公共服务绩效结果表现出优势，当各方参与主体未能就集体行动目标达成共识时，绩效结果表现较差。

6.3.2.2 运行机制影响绩效结果的对比分析

运行机制是保障大型体育场馆公共服务协同治理持续推进的各项基本规则、协议和程序，社会参与机制、信息共享机制、利益协调机制和行动整合机制等共同构成完备的协同机制，它们通过促进主体进入、建立信任和管理冲突，对协同进程中的治理成本和合作风险产生影响，进而改变协同治理的绩效结果。高绩效案例“湖北省‘去运动’政府购买服务平台”即为例证，首先，线上的互联网共享平台和线下的政府购买公共服务框架极大地促进了利益相关主体的进入和协作，湖北省体育局根据体育场馆的设施、地段、管理、使用率等情况，将符合条件的国有场馆和民营场馆统一纳入 APP 平台当中，并会同运营方和体育场馆共同议定公共服务购买标准；其次，“去运动” APP 本身就是一个集成的信息沟通平台，政府、运营方、各体育场馆和消费者之间可以在前台页面和后台数据上快速、便捷地分享信息和交流意见；再次，各参与方能够就利益分配达成共识，政府出资购买体育场馆公共服务，爱体科技收取 10% ~20% 的平台服务费和交易提成，各个场馆则能根据消费额度获得政府补贴；最后，湖北省体育局建立了较为完善的行动整合机制，根据平台运营的消费数据和公众满意度的反馈作为政府补助支付的依据，对运营方和生产方都起到了激励和约束作用。

同样具有较好绩效表现的“深圳大运中心委托运营”案例项目中，深圳市政府、佳兆业公司和相关合作主体基于 ROT 协议框架，建构了一系列有助于双方协同和冲突管理的运行机制。例如，选拔总运营商之时，深圳市政府就通过完备的选拔程序与国内外多家知名运营商进行多轮接触和谈判，最终选定了具有最优资质的佳兆业公司。项目运营初期深圳市政府设立了每年划拨 3000 万元的财政补贴机制用以缓解运营方的资金压力，同时要求佳兆业在 5 年内完成不低于 6 亿元人民币的修建投资，有效规避商业效益和公益效益的冲突。调蓄基金的设立进一步弥合了政府方和运营方的利益冲突，促使双方以利益共同体的身份共同致力于通过商业运作实现场馆综合效益。与此同时，深圳市政府还专门成立由文体旅游、发改、财政、公安、交通、城管等相关职能部门组成的运营监管协调服务机构，协助总运营商做好运营。

但是，在“鸟巢”改制和 JX 省学校大型体育场馆对外开放的两个低绩效案例中，则较为缺乏行之有效的协同机制。北京市政府采用项目法人招标引入了具有资本实力的中信联合体，通过签署《特许权协议》《国家体育场协议》和《合作经营合同》等达成合作，但是从融资、设计、建设到赛后运营的整个过程中，各参与方面对彼此之间的利益冲突和争议，诸如设计方案的调整、车位数的较少、运营面积的缩水、无形资产的开发等，都没有进行充分、有效的沟通和管理。而且各参与方缺乏一个科学合理的收益分配机制，中信联合体全部收益只能来自 30 年的特许经营，现行的会计准则和《清算法》又使股东无法分红，也不能按照股权进行破产清算，漫长的回报周期、高昂的运营成本和现行制度的羁绊令其承担着巨大的商业风险，这些或许是导致鸟巢经营权变更的根本原因。“JX省学校大型体育场馆对外开放”案例项目有着同样的表现，当地政府部门与学校之间基本没有促进双方协同的机制设计，笔者调查的两所学校大型体育场馆都指出政府部门没有出台要求学校执行对外开放大型体育场馆的法规政策，当地体育、教育等行政主管部门之间也没有达成协作，致使省体育局所设立的大型体育场馆免费、低收费专项补助仅支持体育系统内大型体育场馆，隶属于教育行政部门的学校大型体育场馆则无权享用，对外开放经费只能依靠学校自给自足。而在学校较为顾虑的安全问题上，参与主体之间基本也没有建立起有效的保险机制来分担安全风险。

另外，各个案例中运行机制指标项的利益相关者评级同样彰显出这一制度要素对制度绩效的重要性，从案例1至案例4，社会参与机制的高度投票比重各自为90%、82%、73%和38%，信息共享机制的高度投票比重为85%、73%、45%和31%，利益协调机制的高度投票比重为80%、82%、45%和31%，行动整合机制的投票比重为70%、82%、55%和23%。综合案例内容分析和利益相关者评级，各个案例中运行机制的要素属性与绩效表现呈现正向的关系，当大型体育场馆公共服务协同治理项目中拥有较为完备的运行机制，绩效结果表现较高；反之，当协同项目中缺乏有效的运行机制或相关机制不完备之时，绩效结果表现较低。

6.4 本章小结

大型体育场馆公共服务协同治理作为改善供给效益的重要备择机制，是否如理论设想的那样能够实现经济效益和社会效益的有机统一，从而达到预期的制度绩效？上文利用4个典型案例对这一制度安排与绩效结果之间的关系进行了比较分析，正如表6-4所示，高绩效案例的制度安排中基本具备开放的权力关系、有效的协同领导、一致的共享目标和完备的运行机制，低绩效案例的制度安排中则存在着失衡的权力关系、失效的协同领导、冲突的利益目标和缺失的运行机制。从结构要素看，那些多元参与主体之间拥有高度共享性和清晰性的权力关系，且政府在其中发挥了强而有力主导作用的协同安排能够促进多元主体的资源整合和构建更为协调的协同结构，从而有效地促进大型体育场馆公共服务经济效益和社会效益的统一，缺乏共享、清晰的权力关系，或是缺乏有效领导力的协同安排会导致额外交易成本的增加，进而降低了协同治理制度安排的治理效果。从过程要素来看，多元利益主体之间就行动目标达成了共识，并且配备较为完整、有效的运行机制，能够有效地增进参与主体的协同意愿和一致行动，从而提升协同治理制度安排的绩效，而那些没有就集体行动达成一致性认识或是欠缺管理冲突的运行机制，协同治理的制度安排就难以实现效用。总而言之，大型体育场馆公共服务协同治理制度安排的完备性对绩效结果具有显著正向影响，健全、完备的协同安排能够带来绩效结果的改善，失衡、冲突的协同安排则会阻碍绩效结果的改进。

第7章　结论与建议

7.1　研究结论

大型体育场馆公共服务协同治理是契合我国公共体育服务复杂化需求、克服大型体育场馆公共服务治理碎片化困境和促进体育治理现代化的重要备择机制，本书基于协同治理理论和SSP分析范式的逻辑整合，建构了一个系统性、层次性的分析框架，结合协同动因、主体结构、行为过程和绩效结果四个关键变量对大型体育场馆公共服务协同治理的选择依据、操作规则和治理效应进行了系统性分析，主要研究结论如下：

（1）我国大型体育场馆资产专用性的中间状态是协同治理机制选择的客观动因。整合SSP范式关于物品特性决定制度选择的逻辑以及资产专用性理论所指出的物品资产专用性与治理机制之间的匹配原理，认为大型体育场馆公共服务协同治理是与我国大型体育场馆资产专用性中间状态相适应的治理机制。通过梳理中华人民共和国成立后我国大型体育场馆资产专用性状态的历史演变趋势及其与治理机制的匹配状况表明：我国大型体育场馆资产专用性已从高度性趋向中间性状态，但是我国现行治理框架尚处在传统政府治理或治理市场化的双重路径依赖当中，导致治理主体协同不力、服务结构失衡和价值导向相悖的不可治理性，协同治理作为与资产专用性中间状态相适应的治理机制有利于修正政府治理的路径依赖和克服市场治理的制度失灵，因而大型体育场馆公共服务协同治理成为一种现实选择。

（2）大型体育场馆公共服务协同治理涉及安排者、生产者和消费者三类基本参与者。研究认为，公共服务提供与生产环节的分离使政府、事业单位、企业

体育社会组织和公民等来自不同领域的多元利益相关主体能够进入大型体育场馆公共服务场域中各自扮演安排者、生产者和消费者的角色。作为安排者的政府组织具有履行制度安排、底线服务、协同领导和监督管理的职责；事业单位、企业、体育社会组织等不同类型的生产者在法律地位、利益偏好、资金来源和运行机制等方面各有特点；作为消费者的公民需要积极履行对政府决策者的长线责任和对服务生产者之间的短线责任，包括参与决策、意见表达、信息沟通、表达需求、服务评价、合作生产等。

（3）大型体育场馆公共服务跨界协同结构形式的选择需要综合衡量大型体育场馆资产专用性程度和政府能力。本书从交易成本和生产成本权衡的角度将大型体育场馆资产专用性和政府能力作为跨界协同结构选择的状态变量，以此确定科层式协同、外包式协同、战略式协同和市场式协同四种结构形式。科层式协同强调政府与体育场馆事业单位的分权和法人治理；外包式协同是政府将大型体育场馆公共服务生产责任交由企业、体育社会组织来完成的短期协同；战略式协同是指政府与社会力量建立战略合作关系的全周期协同；市场式协同以委托运营为内核，注重企业化和竞争性。

（4）大型体育场馆公共服务府际协同应从纵向和横向结构层面实现不同层级政府之间以及横向同级政府部门之间的有序协同。纵向府际之间着重从财权和事权的合理配置上寻求不同层级政府的协同，包括合理界定不同级别政府的管理权限、建立大型体育场馆公共服务财政分担机制、加大财政转移支付力度等。横向府际协同应在不改变各政府职能部门本身权限和结构的前提下追求跨政府部门的联动，建立诸如联合权力机构、政府委员会等整合性架构，成立政府联席会议等协商性沟通机制，借助信息技术平台实现政府职能的流程化和智能化等。

（5）预期收益、治理成本和协同能力影响多元治理主体的行为选择和协同进程。本书从演化理性出发，认为大型体育场馆公共服务协同治理行为过程实为有限理性的多元治理主体基于价值权衡和行为调整的协同演化过程，进而以演化博弈模型为分析工具，“深圳大运中心委托运营”案例为分析对象进行验证，研究结果表明多元治理主体的行为策略调整决定着大型体育场馆公共服务协同过程的演进方向，其预期收益、治理成本与协同能力是影响参与方行为策略调整的主要因素，当选择协同行为的预期收益值越高，治理成本越低，协同参与方的能力互补性越强，协同策略就会成为演化稳定策略，且被更多的主体采用，最终达成多元协同的治理安排。

（6）大型体育场馆公共服务协同治理绩效取决于结构和过程层面的制度安排。本书从结构和过程两个维度对大型体育场馆公共服务协同治理机制进行拆解，具体分为权力关系、协同领导、共享目标和运行机制四项制度要素，将社会效益和经济效益作为考察大型体育场馆公共服务协同治理绩效的衡量指标。通过湖北省“去运动”政府购买服务平台、深圳大运中心委托运营、“鸟巢”改制和JX省学校大型体育场馆对外开放4个具有治理绩效差异性的典型案例比较显示：高绩效案例的制度安排中基本具备开放的权力关系、有效的协同领导、共享的利益目标和健全的运行机制，低绩效案例的制度安排中则存在着失衡的权力关系、失效的协同领导、冲突的利益目标和缺失的运行机制，因而可以表明具有完善制度安排的大型体育场馆公共服务协同治理能够有效促进公共服务绩效水平的提升。

7.2 政策建议

大型体育场馆公共服务协同治理是将协同治理范式引入我国大型体育场馆公共服务治理场域，用以提升服务质量和水平的一项重要备择方案，以上研究结论对于这一制度方案的确立和执行具有重要的政策启示。

7.2.1 注重大型体育场馆资产特性的识别

我国大型体育场馆资产专用性的中间性决定了协同治理机制是一项现实性选择，然而，在确定政府、市场和社会不同领域主体之间的跨界协同结构形式时需要准确定位大型体育场馆的资产专用性程度，只有这样才能真正地降低治理成本，取得预期绩效。大型体育场馆资产专用性程度主要是由它的用途范围大小和可流动性强弱所决定，因此要科学评估大型体育场馆硬件设施的配套程度、功能设计的多样化程度、所处地理区域的体育市场发育程度、交通发达程度以及产权属性等资产特性，那些以硬件设施配套较为齐全、多功能利用程度高、体育市场体系较为成熟、交通设施建设发达、产权结构可分解性强的大型体育场馆为载体的公共服务具有较低的资产专用性，宜采用更偏向市场结构的协同治理形式，而以硬件设施配套较为落后、功能设计单一、所处区域体育市场发育程度不高、交通设施落后且产权结构可分解性差的大型体育场馆为载体的公共服务则具有较高的资产专用性，应采用偏向准科层结构的政事协同治理形式则更能取得治理效果。

7.2.2 培育和选择有效参与者

大型体育场馆公共服务协同治理是由来自政府、市场和社会不同领域的利益相关主体共同参与的制度安排，目的在于跨越组织功能和边界的限制，实现资源共享和优势互补，这就对参与主体所能提供的资源和能力提出要求，协同能力和资源的互补性是发挥协同治理优势的重要条件，因此，必须注重有效参与者的培育和选择。一方面，大力加强体育场馆运营企业、体育社会组织和公民主体的能力建设，我国体育场馆运营企业总量较少、专业能力不足，体育社会组织独立性差、自主活动能力不足，社会公众体育自治的志愿精神也不强，加之在我国大型体育场馆公共服务领域占据强势地位的政府经常性地对各类事宜加以行政限制，导致协同安排中缺乏具有足够数量和能力的非政府主体来参与协作，这就需要积极规范政府权力清单、促进体育社会组织实体化改革和推动体育场馆公司法人治理结构的建设，努力拓宽多元主体的自主空间。另一方面，建立公平、适用的招投标竞争机制，其多元主体之间资源禀赋各异，能力参差不齐，发起方要对参与方的资质和准入程序予以科学设定，综合考察其资金状况、管理水平、技术能力和业绩指标等，选择资源禀赋最相匹配的协同方。

7.2.3 加强政府协同领导力建设

研究认为政府组织是我国大型体育场馆公共服务协同治理的安排方和主导方，在多元治理主体的协同关系中一般扮演领导者的角色，而有效领导又是影响协同治理绩效的重要因素，因此，加强政府的协同领导力建设是促进协同关系、提升治理绩效的有效策略。一般来说，政府部门可通过吸纳、授权、支持和鼓励四种领导行为来优化协同进程，进而有利于释放各类主体的资源优势和化解利益冲突。一是广泛吸纳合适的参与方，要从顶层设计上破除传统政府管理体制下的行政壁垒，从体制机制建设上为吸纳多元主体提供政策支撑。二是积极授权各方主体，确立市场和社会力量作为治理主体的独立地位，有效让渡体育场馆公共服务的生产权和运营权，减少行政限制。三是支持非政府主体行动，政府部门要从政策层面对非政府主体的参与行动给予合法性支持，紧密结合所涉大型体育场馆公共服务的资产专用性、市场环境和政府能力确立清晰可行的操作规则和行动程序，确保非政府主体都能够平等、有序地参与行动。四是政府部门要采用多样化的激励机制和利益补偿机制鼓励非政府主体参与体育场馆公共服务的协同治理，灵活运用政府补贴、专项基金、凭单制等方式，并在财政、税收、土地和能源上给予政策优惠。

7.2.4 合理确定协同各方的收益和风险

大型体育场馆公共服务协同治理的绩效目标在于实现社会效益和经济效益的统一，而具有不同利益偏好的参与各方能否实现各自的利益预期是决定协同行动成败的关键。因此，应当根据协同各方的贡献程度和风险偏好建立科学、合理的收益分配和风险分担方案，使各参与方能够实现利益的平衡。首先，大型体育场馆公共服务的定价应当综合考虑公共服务成本、公众支付能力与生产方的预期收益，使社会力量能够通过使用者付费或者政府补助获得合理投资回报；其次，政府方应通过公共服务的质量监管与价格控制来促进社会效益最大化，运营初期适当增加社会力量的收益分配比例，不要过于关注政绩和短期经济利益；最后，要根据大型体育场馆公共服务项目特性、协同各方风险承受能力、风险类型和收益比例等因素进行合理的风险分配，把各类风险分配给最适合的主体来承担，例如项目设计、运营和财务等市场风险交由社会主体来承担，政策、法律和公共利益风险等应由政府承担。

7.2.5 健全协同运行机制

多元利益主体行为策略的调整直接决定大型体育场馆公共服务协同治理的成败，完备的协同运行机制有利于促进多元主体之间的信任和共识，从而提升协同意愿，达成一致行动。首先，创新信息交流平台，信息互通是建立信任和谋求共识的基本途径，除政务公开、公示听证等传统线下渠道之外，互联网技术的应用和普及为多元治理主体之间的协商对话提供了更为高效、快捷的可能，主导方应

利用“互联网+”积极构建大型体育场馆公共服务信息共享平台。其次，建立利益协调机构，多方主体不同的利益偏好会导致协同过程中经常出现利益冲突和纠纷，因而相关政府职能部门不仅要为多元主体的积极对话和协商谈判创造机会，更要建立常规性、综合性的跨部门协调机构。最后，规范监督问责方式，设立由利益相关主体共同组成的公共服务监管框架，不仅强化政府对公共服务成本的核定与价格监管，更要完善社会力量、司法机关与媒体等对各方权责的联合监管。

参考文献

［1］［美］爱伦·斯密德．财产，权力和公共选择——对法和经济学的进一步思考［M］．上海：上海三联书店，上海人民出版社，1999.

［2］［美］阿兰·斯密德．制度与行为经济学［M］．北京：中国人民大学出版社，2004.

［3］［美］埃莉诺·奥斯特罗姆．公共事物的治理之道：集体行动制度的演进［M］．上海：上海三联出版社，2000.

［4］［美］奥利弗·E. 威廉姆森．资本主义经济制度［M］．北京：商务印书馆，2004.

［5］［美］奥利弗·E. 威廉姆森．治理机制［M］．北京：机械工业出版社，2016.

［6］［英］彼得·狄肯斯．社会达尔文主义：将进化思想与社会理论联系起来［M］．长春：吉林人民出版社，2005.

［7］［美］保罗·A. 萨缪尔森．公共支出的纯粹理论［J］．当代经济研究，1999（8）．

［8］［英］鲍勃·杰索普，程浩．治理与元治理：必要的反思性、必要的多样性和必要的反讽性［J］．国外理论动态，2014（5）：14－22.

［9］［英］大卫·李嘉图．政治经济学及赋税原理［M］．北京：商务印书馆，2013.

［10］［美］戴维·奥斯本，特德·盖布勒．改革政府——企业精神如何改革公营部门［M］．上海：上海译文出版社，1996.

［11］［美］丹尼斯·C. 缪勒．公共选择理论［M］．北京：中国社会科学出版社，1999.

［12］［美］E. S. 萨瓦斯．民营化与公私部门的伙伴关系［M］．北京：中国人民大学出版社，2002.

［13］［英］霍布斯．利维坦［M］．北京：商务印书馆，1986.

［14］［美］R. 科斯，A. 诺斯，D. 阿尔钦．财产权利与制度变迁［M］．上海：上海三联书店、上海人民出版社，1994.

［15］［法］莱昂·狄骥．公法的变迁［M］．北京：中国法制出版社，2010.

［16］［法］卢梭．社会契约论［M］．北京：商务印书馆，2002.

［17］［美］罗伯特·K. 殷．案例研究：设计与方法［M］．重庆：重庆大学出版社，2010.

［18］［英］洛克．政府论（下篇）［M］．北京：商务印书馆，1964.

［19］［德］马克斯·韦伯．经济与社会（上卷）［M］．北京：商务印书馆，1997.

［20］［瑞典］乔根·威布尔．演化博弈论［M］．上海：上海人民出版社，2006.

［21］［日］青木昌彦．比较制度分析［M］．上海：上海远东出版社，2001.

［22］［美］唐纳德·凯特尔．权力共享：公共治理与私人市场［M］．北京：北京大学出版社，2009.

［23］［美］伍德罗·威尔逊．行政学研究［J］．国外政治学，1987（6）．

［24］［英］大卫·休谟．人性论［M］．北京：商务印书馆，1983.

［25］［英］亚当·斯密．国富论［M］．北京：华夏出版社，2006.

［26］［美］约翰·R. 康芒斯．集体行动的经济学［M］．北京：中国劳动社会保障出版社，2010.

［27］［英］约翰·穆勒．政治经济学原理［M］．北京：商务印书馆，1997.

［28］［英］约翰·伊特韦尔，［英］默里·米尔盖特，［英］皮特·纽曼．新帕尔格雷夫经济学大辞典［M］．北京：经济科学出版社，1996.

［29］［美］詹姆斯·布坎南．自由、市场和国家［M］．北京：北京经济学院出版社，1988.

［30］［美］珍妮特·V. 登哈特，罗伯特·B. 登哈特．新公共服务：服务而不是掌舵［M］．北京：中国人民大学出版社，2010.

［31］蔡长昆．制度环境、制度绩效与公共服务市场化：一个分析框架［J］．管理世界，2016（4）：52－80.

［32］曹璐．国外城市公共体育场馆服务大众体育发展经验及对我国的启示［J］．北京体育大学学报，2016，39（10）：39.

［33］陈辞．中国农业水利设施的产权安排与投融资机制研究——基于 SSP 范式的分析视角［J］．技术经济与管理研究，2014（2）：93－98.

［34］陈丛刊，卢文云，陈宁．英国公共体育服务供给体系建设的经验与启示［J］．成都体育学院学报，2012，38（1）：29.

［35］陈文倩．我国大型公共体育场馆事业单位分类改革研究［D］．北京：北京体育大学，2014.

［36］陈元欣，王健．公共体育场（馆）运营改革过度市场化问题研究［J］．体育科学，2014，34（6）：3－10.

［37］陈元欣，王健，王涛．大型体育场馆市场化运营中的政府监管［J］．上海体育学院学报，2012，36（5）：36－40.

［38］陈元欣，王健，刘聪．新中国成立以来我国体育场馆供给的历史回顾［J］．西安体育学院学报，2013，30（4）：411－418.

［39］陈元欣，王健．大型体育场（馆）运营管理企业化改革研究［J］．体育科学，2015，35（10）：17－24.

［40］戴健，张盛，唐炎等．治理语境下公共体育服务制度创新的价值导向与路径选择［J］．体育科学，2015，35（11）：3－12.

［41］邓穗欣，丹尼尔·马兹曼尼安，湛学勇．理性选择视角下的协同治理［J］．复旦公共行政评论，2011（1）：4.

［42］董红刚，易剑东．大型体育场馆的建设逻辑及其出路［J］．天津体育学院学报，2014，29（5）：394－398.

［43］董明涛．农村公共产品供给机制创新研究［D］．天津：天津大学，2011.

［44］方霞于．公共体育场馆公益性开放的社会效益与难题研究——基于宁波市的典型案例分析［J］．成都体育学院学报，2013，39（2）：46－49.

［45］方曙光，徐文强，陈元欣等．文化体制改革对我国公共体育场馆管理体制改革的启示［J］．吉林体育学院学报，2012（1）：22－26.

［46］费方域．契约人假定和交易成本的决定因素［J］．外国经济与管理，1996（5）：26－29.

［47］顾丽梅．新公共服务理论及其对我国公共服务改革之启示［J］．南京社会科学，2005（1）：38－45.

［48］国家体育总局．中国体育及相关产业统计［M］．北京：人民体育出版

社，2011.

［49］胡象明，唐波勇．整体性治理：公共管理的新范式［J］．华中师范大学学报（人文社会科学版），2010，49（1）：11－15.

［50］黄新华．从公共物品到公共服务——概念嬗变中学科研究视角的转变［J］．学习论坛，2014（12）．

［51］黄凯南．演化博弈与演化经济学［J］．经济研究，2009（3）：132－135.

［52］贾生华，陈宏辉．利益相关者的界定方法述评［J］．外国经济与管理，2002，24（5）：13－18.

［53］荆俊昌，冯欣欣．服务型政府背景下公共体育服务的多元化供给研究［J］．沈阳体育学院学报，2010，29（6）：65－67.

［54］敬乂嘉．合作治理：再造公共服务的逻辑［M］．天津：天津人民出版社，2009.

［55］句华．公共服务中的市场机制——理论、方法与技术［M］．北京：北京大学出版社，2006.

［56］雷厉，肖淑红，付群．我国大型体育场馆运营管理：模式选择与路径安排［J］．北京体育大学学报，2013，36（10）：10－15.

［57］李安娜，林显鹏．我国大型体育场馆分布与运营效益的区域性差异［J］．武汉体育学院学报，2014，48（9）：50－54.

［58］李军鹏．建立基于物有所值原则的公私合作风险共担机制［J］．国家行政学院学报，2016（1）：62－67.

［59］李圣鑫．体育公共服务体系建设中大型体育场馆的服务功能研究［J］．成都体育学院学报，2014，40（6）：17－21.

［60］李文钊．事业单位分类改革的公共服务与制度逻辑［J］．改革，2012，220（6）：133－147.

［61］李学．不完全契约、交易费用与治理绩效——兼论公共服务市场化供给模式［J］．中国行政管理，2009，283（1）：114－118.

［62］李艳丽．我国大型体育场馆财务运营及对策研究［J］．北京体育大学学报，2013，36（3）：39－43.

［63］李震，郭敏．基于DEA的大型体育场（馆）免费低收费对外开放效率研究［J］．体育科学，2017，37（8）：90－96.

［64］林民望．国外公共服务府际协作供给研究——基于地方府际协议的视角［J］．北京社会科学，2016（7）：120－128.

［65］林毅夫．制度、技术与中国农业发展［M］．上海：上海三联书店、上海人民出版社，2008.

［66］刘亚平．协作性公共管理［J］．武汉大学学报（哲学社会科学版），2010，63（4）：574－582.

［67］刘艳．公共体育服务多元参与机制创新研究［J］．北京体育大学学报，2016，39（1）：20－25.

［68］刘国永，裴立新．中国体育社会组织组织发展报告［M］．北京：社会科学文献出版社，2016.

［69］乔玉．广州大型体育场馆体育公共服务中居民需求的研究［D］．广州：华南理工大学，2015.

［70］秦长江．协作性公共管理：价值、结构与过程［D］：上海：上海交通大学，2012.

［71］裘鹏，付甲．善治理论视角下国家体育公共服务的“多元治理”模式研究［J］．沈阳体育学院学报，2013，32（2）：24－26.

［72］唐立慧，郇昌店，肖林鹏等．我国公共体育服务的市场化改革研究［J］．西安体育学院学报，2010，27（3）：257－261.

［73］唐刚，彭英．多元主体参与公共体育服务治理的协同机制研究［J］．体育科学，2016，36（3）：10－23.

［74］唐任伍，赵国钦．公共服务跨界合作：碎片化服务的整合［J］．中国行政管理，2012，326（8）：17－21.

［75］田玉麒．公共服务协同供给基本内涵、社会效用与影响因素［J］．云南社会科学，2015（3）：7－13.

［76］汪锦军．构建公共服务的协同机制：一个界定性框架［J］．中国行政管理，2012，319（1）：18－22.

［77］王喆，陈元欣．大型体育场馆市场化运营中获取大型活动资源策略分析［J］．首都体育学院学报，2013，25（3）：196－204.

［78］王钊，王敏，谭建湘．政府购买体育场馆公共服务的理论与实践研究［J］．广州体育学院学报，2015，35（1）：48－51.

［79］王钊，谭建湘，王敏．体育场馆公共服务研究［J］．体育文化导刊，

2015（5）：17－20.

［80］王锋，陶学荣．政府公共服务职能的界定、问题分析及对策［J］．甘肃社会科学，2005（4）．

［81］王鹤，孙文娟．公共体育服务供给中政府与社会的分担机制：基于利益博弈视角的研究［J］．武汉体育学院学报，2016，50（5）：31－35.

［82］韦森．哈耶克式自发制度生成论的博弈论诠释［J］．中国社会科学，2003（6）：43－57.

［83］魏琳，廉涛，何天皓等．上海市大型体育场馆公共体育服务质量评价——基于公益开放时段的实证分析［J］．武汉体育学院学报，2016，50（12）：48－54.

［84］吴碧红，施文忠，刘宝亮．普通高校体育场馆向社会开放实证研究——以福建省为例［J］．北京体育大学学报，2012，35（12）：108－115.

［85］吴建依．论我国公共体育设施特许经营的困境与出路［J］．社会科学研究，2012，（6）：73－77.

［86］吴敬琏．路径依赖与中国改革［J］．改革，1995（3）：57－59.

［87］武东海．多中心治理视阈下创新公共体育服务供给模式研究［J］．武汉体育学院学报，2013，47（5）：36－40.

［88］辛梦霞．湖北全民健身公共服务平台建设初探——以“去运动”APP为例［J］．体育文化导刊，2016（6）：8－12.

［89］燕继荣．协同治理：社会管理创新之道——基于国家与社会关系的理论思考［J］．中国行政管理，2013，332（2）：58－61.

［90］杨震，李艳翎．我国高校体育场馆对社会开放的困境与优化策略［J］．北京体育大学学报，2013，36（1）：91－96.

［91］闫静，刘晓艳，赵丽妍．我国公共体育服务供给分析［J］．体育文化导刊，2015（9）：5－8.

［92］易剑东．中国公共体育服务研究［J］．体育学刊，2012，（2）：1－10.

［93］游战澜．大型体育场馆绩效管理指标体系构建研究［J］．武汉体育学院学报，2010，44（2）：37－41.

［94］赵子建，张汪洋，巩月迎．学校体育场馆公共服务跨界合作模式研究［J］．体育文化导刊，2016（6）：126－131.

［95］张春宇，陈祥岩．我国部分大型体育场馆对外开放使用现状调查与分

析［J］. 沈阳体育学院学报，2009，28（6）：48－50.

［96］张文亮，陈元欣. 大型体育场馆在公共体育服务体系中的职能分析［J］. 西安体育学院学报，2015，32（6）：668－673.

［97］张谊浩，陈柳钦. “建构”和“进化”理性主义的经济学意义［J］. 国家行政学院学报，2005（3）：82－85.

［98］郑娟，郑志强. 公共体育服务协同供给——基于演化博弈的分析框架［J］. 中国体育科技，2017，53（2）：100－106.

［99］郑志强，陶长琪，冷毅. 大型体育设施供给 PPP 模式的合作博弈分析［J］. 体育科学，2011，31（5）：27－32.

［100］曾庆贺，马书军，陈元欣等. 大型体育场馆市场化供给的可行性分析［J］. 北京体育大学学报，2009，32（4）：17－20.

［101］钟天朗. 关于公共体育场（馆）公益性的若干问题研究［J］. 中国体育科技，2006，42（5），15－17.

［102］周业安. 制度演化理论的新发展［J］. 教学与研究，2004（4）：63－70.

［103］Agranoff Robert，Michael McGuire. Big questions in pubic network management research［J］. Journal of Public Administration Research and Theory，2001，11（3）.

［104］Agranoff Robert，Michael McGuire. Collaborative public management：new strategies for local governments［M］. Washington，D. C.：Georgetown University Press，2003.

［105］Andrew Green，Ann Matthias. Non－governmental organizations and health in developing countries［M］. London：Macmillan Press Ltd.，1997.

［106］Andrew Schotter. The economic theory of social institutions［J］. American Journal of Sociology，2000，48（4）：28.

［107］Arthur T. Himmelman. Collaboration for a change：definitions，decision－making models，roles，and collaboration process guide［R］. Himmelman Consulting，Minneapolis，2002.

［108］Aysin Dedekorkut. Determinants of success in inter－organizational collaboration for natural resource management［D］. Florida：The Florida State University，2004.

[109] Brown, T. L. , Potoski, M. Transaction costs and institutional explanations for government service production decisions [J]. Journal of Public Administration Research and Theory, 2003, 13 (4): 441 -468.

[110] Buchanan James. An economics theory of clubs [J]. Economic, 1965, 32: 1 -14.

[111] Callahan R. Governance: the collision of politics and cooperation [J]. Public Administration Review, 2007, 67 (2): 290 -301.

[112] C. Ansell, Alison Gash. Collaborative governance in theory and practice [J]. Journal of Public Administration Research and Theory, 2008, 18 (4): 543 -571.

[113] Darlyne Bailey, Kelly McNally Koney. Interorganizational community based collaboratives: A strategic response to the social work agenda [J]. Social Work, 1996, 41 (6): 602 -611.

[114] David D. Chrislip, Carl E. Larson. Collaborative leadership: how citizens and civic leaders can make a difference [M]. San Francisco: Jossey -bass, 1994.

[115] David Straus. How to make collaboration work [M]. San Francisco: Berrett -koehler Publisher, Inc. , 2002.

[116] David Swindell, Mark S. Rosentraub. Who benefits from the presence of professional sports teams? The implications for public funding of stadiums and arenas [J]. Public Administration Review, 2007, 58: 145 -155.

[117] Donna J. Wood , Barbara Gray. Toward a comprehensive theory of collaboration [J]. Journal of Applied Behavioral Science, 1991 (27): 139 -162.

[118] Edward J. Maile, Alastair M. Blake. Lessons from 2012: What the NHS can learn from Britain' s Olympic success [J]. Annals of Medicine and Surgery, 2013, 2 (2): 44 -46.

[119] Eduard N. Yevstafyev, Nikolay V. Yevstafyev. Risk assessment in concessions: a case study of municipal sports facilities [J]. Procedia Economics and Finance, 2014, 16: 73 -76.

[120] Gray, Barbra. Collaborating: finding common ground for multiparty problems [M]. San Francisco: Jossey -Bass, 1989.

[121] Hellen Sullivan, Chris Skelcher. Working across boundaries: Collaboration in public services [J]. Health&Social Care in the Community, 2003, 11

(2): 185.

[122] J. Plummer, C. Heymans. Focusing partnerships: A sourcebook for municipal capacity building in Public – Private Partnerships [J]. Environment & Urbanization, 2002, 15 (1): 219 – 220.

[123] Jeff Malpas, Gary Wickham. Governance and failure: on the limits of sociology [J]. Australian and New Zealand Journal of Sociology, 1995, 31 (3): 37 – 50.

[124] John L. CromPton, Dennis R. Howard. Financing major league facilities: status, evolution and conflicting forces [J]. Journal of Sport Management, 2003, 17 (2): 156 – 184.

[125] John M. Bryson, Barbara C. Crosby, Melissa Middleton Stone. The design and implementation of cross – sector collaborations: propositions from the literature [J]. Public Administration Review, 2006 (12): 44.

[126] Judith Grant Long. Public private partnerships for major league sports facilities [M]. New York, NY: Routledge, 2013.

[127] Kirk Emerson, Tina Nabatchi, Stephen Balogh. An integrative framework for collaborative governance [J]. Public Administration Research and Theory, 2012, 22 (1): 1 – 29.

[128] Lowndes, V. and Skelcher, C. The dynamics of multiorganizational partnerships: an analysis of changing modes of governance [J]. Public Administration, 1998, 76 (2): 321.

[129] Michael Hynes, Sheila Nataraj Kirby, Jennifer Sloan. A casebook of alternative governance structures and organizational forms [M]. Santa Monica, CA: Rand Corporation, 2000.

[130] Mark Considine. The end of the line: accountable governance in the age of networks, partnerships and joined – up services [J]. Governance, 2002, 15 (1): 21 – 40.

[131] Mark S. Rosentraub. Sports facilities and urban redevelopment: private and public benefits and a prescription for a healthier future [J]. International Journal of Sport Finance, 2006, 4: 212 – 226.

[132] Martijn van den Hurk, Koen Verhoest. The governance of public private partnerships in sports Infrastructure: interfering complexities in Belgium [J]. Interna-

tional Journal of Project Management, 2015, 33: 201 -211.

[133] Michael McGuire. Collaborative public management: Assessing what we know and how we know it [J]. Public Administration Review, 2006 (66) .

[134] Michael B. Cantor, Mark S. Rosentraub. A ballpark and neighborhood change: economic integration, a recession, and the altered demography of San Diego's Ballpark district after eight years [J]. City, Culture and Society. 2012, 3: 219 -226.

[135] Nelson, M. A. Municipal government approaches to service delivery: an analysis from a transactions cost respective [J]. Economic Inquiry, 1997, 35 (1): 82 -96.

[136] O'Toole, L. J. The implications for democracy in a networked bureaucratic word [J]. Journal of Public Administration Research and Theory, 1997, 7 (3): 443 -459.

[137] Paul Mattessich, Barbara Monsey. Collaboration: what makes it work [M]. St. Paul, MN: Amherst H. Wilder Foundation, 1992.

[138] Peter Bogason, Juliet A. Musso. The democratic prospects of network governance [J]. American Review of Public Administration, 2005, 36 (1): 3 -18.

[139] Peter Smith Ring, Andrew H. van de Ven. Developmental processes of cooperative inter - organizational relationships [J]. The Academy of Management Review, 1994, 19 (1): 90 -118.

[140] Robert A. Baade. Padding required: Assessing the economic impact of the super bowl [J]. European Sport Management Quarterly, 2006, 6 (4): 353 -374.

[141] Steven P. Erie, Vladimir Kogan, and Scott A. MacKenzie. Redevelopment, San Diego Style: the limits of Public - Private Partnerships [J]. Urban Affairs Review, 2010, 45 (5): 644 -678.

[142] Thomson, Ann Marie, James L. Perry. Collaboration process: inside the black box [J]. Public Administration Review, 2006 (66) .

[143] Vincent Ostrom, Charles Tiebout, Robert Warren. The organization of metropolitan areas: A theoretical inquiry [J]. American Political Science Review, 1961, 55 (4): 831 -842.

[144] Westley, Vredenburg. Strategic bridging: the collaboration between environmentalists and business in the marketing of green products [J]. Journal of Applied

Behavioral Science, 1991, 27 (2): 66.

[145] Yi Jia Jing, E. S. Savas. Managing collaborative service delivery: Comparing China and the United States [J]. Public Administration Review, 2009, 69 (1): 101 -107.

后 记

本书是在笔者博士学位论文基础上修订完成的，也是江西省社科规划项目“健康江西建设与公共体育服务协同供给研究”（项目编号 17TY13）的阶段性研究成果，如今书稿付梓之际，慨叹辛苦之余，内心满是感恩。

首先，衷心感谢我的博士生导师郑志强教授，他以严谨的治学态度、开阔的学术视野且平易近人的师者风范引领我体验到科研殿堂的神圣和美妙，并坚定我在学术道路上奋斗的决心。记得在确定博士论文选题时，因一直困于多年修习行政管理专业的思维惯性而不得要领，郑老师作为体育科学领域学术造诣颇深的学者，建议我寻求体育与公共管理的契合点，恰如“九言劝醒迷途仕，一语惊醒梦中人”，自此我开始领略这一交叉研究的学术魅力。从论文选题、开题、写作到修改，郑老师始终给予悉心指导，困惑之时的点化、迷茫之时的鼓励，学生铭记于心！

感谢我的工作单位江西师范大学政法学院对本书出版的大力资助，正是有了学校、学院的支持和积极保障，才能免除后顾之忧。同时感谢公共管理系系主任刘庆玉老师和副主任彭升庭老师在工作和学习等方面所给予的许多便利和帮助，使我能够专心于写作，这里表示诚挚谢意！

在博士求学期间，有幸得到了江西财经大学财税与公共管理学院李春根教授、陈成文教授、谭光兴教授、杨得前教授和张仲芳教授等各位老师的教诲和指点，他们渊博的学识和对前沿的把握令我终身受益。感谢易剑东教授、匡小平教授、方宝璋教授、胡宇辰教授等授课老师，他们所传授的专业知识和研究方法不仅开拓了我的学术思维，更是有效提升了科研能力。感谢南京大学林闽钢教授和江西省委党校廖清成教授在论文答辩时所提出的宝贵意见，为本书的进一步修缮奠定了基础。此外，还要感谢纪江老师、夏会琴老师、周江波老师的帮助和支持。

同时，深深感恩于我的家人，没有他们对我工作的支持和体谅，我是难以完成书稿写作的。感谢我的父母和婆婆，他们牺牲晚年的休闲时光，替我承担照顾幼女的重担；感谢我的爱人，不仅担负起家庭的责任，还要照顾我的情绪和压力；感谢我乖巧可爱的女儿，每每期盼我多多陪伴她时，却也善解人意地望着我伏案的身影。

最后，感谢经济管理出版社以及本书责任编辑张巧梅老师的辛苦付出，正是她细致缜密的工作，减少了本书的不少讹误，在此表示衷心感谢。诚然，本书对大型体育场馆公共服务治理研究提出了一些创新性的观点，但限于作者水平，书中一定还有许多疏漏和不足之处，期望读者批评指正。

郑娟

2018 年 9 月